송한나
옥주연
윤여상

세 번째 기회 :
북한 제3차 보편적정례검토 실행에 대하여

북한인권정보센터
DATABASE CENTER FOR NORTH KOREAN HUMAN RIGHTS

송한나
옥주연
윤여상

세 번째 기회 :

북한 제3차 보편적정례검토 실행에 대하여

북한인권정보센터

세 번째 기회: 북한 제3차 보편적 정례검토 실행에 대하여

저자 |송한나, 옥주연, 윤여상

발행처 | (사) 북한인권정보센터

발행일 |2024년 2월 22일

주 소|03175 서울시 종로구 경희궁길 14(신영빌딩) 3층

전 화|02-723-6045

팩 스|02-723-6046

홈페이지|http://www.nkdb.org

이 메 일|nkdbi@hanmail.net

저자와 출판사의 허락 없이 내용의 일부를 인용하거나 발췌하는 것을 금합니다.

이 출판물은 (재) 통일과 나눔 지원으로 발간되었습니다.

ISBN: 979-11-90000-48-2 93330

CONTENTS

서론 ·· 7

방법론 ·· 10

I. 국제협력 ································ 15

   1. 국제인권기구 가입과 보고 의무

   2. 국제원조

   3. 인권담화

II. 소수자의 인권 ······················ 43

   1. 여성권

   2. 아동권

   3. 장애인

III. 시민적, 정치적 권리 ············ 99

IV. 경제적, 사회적, 문화적 권리 ·········· 123

   1. 건강권

   2. 식량권

   3. 기타 경제, 사회 문화적 권리

결론 ·· 158

참고문헌 ······································ 160

서론

    1991년 9월, 조선민주주의인민공화국(북한)은 유엔 회원국의 지위를 획득했다.[1] 이에 따라 북한은 유엔 회원국으로서의 의무와 약속을 이행할 책임을 진다. 특히, 인권과 기본적인 자유권의 보장이 세계의 자유와 정의, 평화의 근간이라는 보편적 인식에 따라 북한은 세계인권선언을 준수할 책임이 있다.

    유엔 인권이사회(HRC)의 개편에 따라 국제사회의 인권을 개선하기 위해 도입된 '보편적 정례검토(Universal Periodic Review, UPR)'는 북한의 인권상황을 체계적이고 정기적으로 검토할 수 있는 주요 제도이다. UPR은 2006년 3월, 유엔총회 결의안(60/251)에 의해 도입되었으며 "각 현장에서 인권 증진과 보호를 촉진하고 지원하며 확대하는 것"을 목표로 각 회원국들의 인권 상황을 동등하게 평가하는 수단이다. UPR에 의한 평가는 유엔인권이사회 UPR 워킹그룹을 통해 이뤄지며, 검토 대상 국가와의 논의에는 유엔 회원국 전체가 참여한다. 검토는 1) 검토대상 국가(본 보고서의 경우 북한)가 제출한 국내 보고서, 2) 특별절차, 인권조약기구 및 기타 유엔 기관이 제출한 보고서, 3) 비정부기구를 포함한 다른 이해 관계자로부터 제공된 정보를 기반으로 이루어진다.[2]

    UPR의 첫 번째 주기는 2008년에 시작되었으며, 북한에 대한 첫 번째 검토는 2009년 12월에 개최된 UPR 워킹그룹의 13차 회의에서 이루어졌다. 이 기간 동안 북한은 참여한 회원국으로부터 167건의 권고를 받았으며, 이 중 81건을 수용하고 6건을 부분적으로 수용했다. 북한의 두 번째 UPR 평가는 5년 후인 2014년 4월에 진행되었다. 두 번째 주기에서 북한은 269건의 권고를 받았으며, 이 중

---

[1] United Nations, General Assembly, Admission of the Democratic People's Republic of Korea and the Republic of Korea to Membership in the United Nations, A/RES/46/1, https://digitallibrary.un.org/record/133631?ln=en.

[2] OHCHR, "Basic Facts about the UPR," https://www.ohchr.org/en/hr-bodies/upr/basic-facts.

114건을 수용하고 3건을 부분적으로 수용했다. 2019년 5월 9일, 북한은 세 번째 UPR 주기를 위해 다시 검토 받았으며, 262 권고안 중 132건을 수용했다.[3]

북한인권정보센터(NKDB)는 북한의 국제조약에 따른 인권과 책임 준수 여부를 지속적으로 감시하고 있다. 북한인권정보센터는 첫 번째 UPR 이후 북한의 책무이행을 지속적으로 모니터링해왔다.[4] 이 보고서는 2024년 북한의 네 번째 UPR을 앞두고 작성되었으며, 지난 4년 동안 시행되어야 했던 132개 권고안에 대한 포괄적이고 객관적인 평가를 제공하는 것을 목표로 한다.

국제사회의 인권 활동가들의 평가 현장 접근이 제한된 북한의 독특한 상황 아래 시민사회는 UPR 과정에서 중요한 역할을 수행하고 있다. 인권 피해의 현장에 접근할 수 없는 어려운 상황에도 불구하고, 북한인권정보센터는 북한 내 인권 상황을 지속적으로 기록해 오고 있다. 이 보고서는 두 가지 목표를 달성하고자 한다. 첫째, 북한이 국제사회에서 약속한 사항들을 이행하도록 책임을 묻는 것과 둘째, 북한에서 살아가고 있는 북한 주민들의 목소리를 국제사회에 전달하는 것이다.

끊임없이 변화하는 국제인권의 상황 속에서 북한은 여전히 국제사회의 감시와 우려의 중심부에 위치해 있다. 그러나 이에 대한 국제사회의 대안은 제한적이다. 그 중 UPR은 북한인권문제를 다루는 몇 안 되는 수단 중 하나이다. 유엔 인권이사회의 주도 하에 매 4년마다 진행되는 UPR은 회원국이 각국의 인권상황을 평가하는 중요한 활동이다. 또한 UPR은 북한에게 유엔 회원국으로서의 의무에 대

---

[3] United Nations, Human Rights Council, Report of the Working Group on the Universal Periodic Review Democratic People's Republic of Korea: Addendum Views on conclusions and/or recommendations, voluntary commitments and replies presented by the State under review, A/HRC/42/10/Add.1(28 August 2019), available from undocs.org/en/A/HRC/42/10/Add.1.

[4] 최선영, 양진아, 이나경, 송한나, 유엔인권이사회 제1차 보편적 정례검토와 북한,(서울: 북한인권정보센터, 2017). 송한나, 두 번째 기회 제2차 보편적 정례검토 권고사항의 수용 및 실행에 대한 모니터링,(서울: 북한인권정보센터, 2019).

한 책임 이행을 명확하게 요구할 수 있는 몇 안 되는 기회로 자리한다. UPR에서 제시되는 권고안은 북한인권문제에 대응하기 위한 방향성을 보임과 동시에, 북한의 정책이 보편적 인권 규범에 부합하도록 촉구하는 역할을 한다.

본 보고서의 기초 연구는 북한이 국제사회로부터 이전보다 더 고립된 상황에서 실시되었으며, 2019년부터 2024년까지 UPR의 검토 주기 동안 제안된 UPR 권고 사항의 상황을 설명하고자 작성되었다. 북한 사회의 폐쇄성은 북한의 국제적 인권기준 준수여부에 대한 감시와 평가의 중요성을 강조한다.

북한인권정보센터는 본 보고서를 위해 소중한 조언과 지대한 도움을 주신 오경섭 박사님과 안명철 대표님께 진심으로 감사의 마음을 전하는 바이다. 북한인권정보센터의 김유니크 조사분석원, 신동휘 조사분석원, 담야 선생님, 댄 선생님, 엘리 선생님, 달리아 선생님, 마이클 선생님, 김민주 선생님과 리사 선생님에게도 감사의 마음을 전한다. 또한 프로젝트를 후원 해준 통일과 나눔 재단에도 큰 감사를 표한다. 북한과 관련된 다양한 문제에 대한 전문성으로 프로젝트를 도와주신 익명의 전문가들께도 감사의 인사를 전한다. 마지막으로, 본 조사의 참여한 북한이탈주민 20명에게도 깊은 감사의 인사를 전한다. 북한 주민들의 목소리가 전례 없이 고립되었던 기간 동안의 이야기를 알리고자 한 그들의 의지는 마땅히 치하되어야 할 일이며, 그들이 나누어준 중요한 이야기가 없었다면 이 보고서는 시작되지 못했을 것이다.

본 보고서를 통해 우리는 여전히 지속되고 있는 북한인권상황에 대한 논의에 기여하고자 한다. UPR 권고 사항의 실행현황을 면밀히 검토함으로써, 우리는 북한인권문제에 대한 책임을 규명하고, 북한인권상황에 대한 투명성을 증진시키며, 북한 주민들의 권리와 존엄을 보호하기 위해 끊임없이 노력할 것이다.

방법론

본 보고서는 포괄적인 평가를 위해 연구방법에 있어 다양한 접근방법을 포함시켰다. 먼저 검토시기에 탈북한 20명의 북한이탈주민들과 인터뷰를 진행하였고, 그들의 경험을 바탕으로 하는 직접적인 증언은 북한 내 현실에 대한 깊이 있는 통찰력을 제공하였다. 또한 보고서의 분석내용은 공개된 정보와 북한 당국의 온라인 매체에 대한 검토 및 13명의 북한인권문제와 연계된 다양한 분야의 전문가와의 논의를 통해 이루어졌다.[5]

2019년부터 2024년까지의 정례검토기간 동안 북한의 인권상황에 대한 객관적이고 사실적인 정보를 얻기 위해 북한인권정보센터는 북한의 국내 법령과 국가단위수준의 공식적인 담론을 조사하는 하향식 접근법과 북한 주민들의 이야기를 통해 실제적인 인권상황을 파악하는 상향식 접근법의 포괄적인 이중 접근 전략을 채택하여 북한의 인권상황을 모니터링하였다.

북한인권정보센터는 대한민국에 정착한 북한이탈주민들의 대상으로 설문조사와 심층면접조사를 진행하였다. 면접조사 대상자들은 정례검토기간(2019년 5월 이후) 동안의 경험에 대해 집중적으로 면접조사 되었으며, 해당 기간 이전의 사례는 비교 목적으로만 고려되었다. 면접조사문항은 북한이 세번째 UPR에서 수락한 권고안에 기반하여 구성하였다.

---

[5] 방법론은 지난 수년에 걸쳐 발전해 왔다. 첫 번째 UPR 보고서 작성 당시 NKDB는 100명의 북한이탈주민을 인터뷰했고 두 번째 보고서 작성 당시에는 50명의 북한이탈주민을 인터뷰했다. 그러나 전 세계적인 코로나-19 팬데믹으로 인해 북한이 국경을 완전히 봉쇄하면서 전례 없는 도전에 직면했고, 이는 인터뷰 수행에 방해가 되었다. 결과적으로 이번 세 번째 보고서에서는 20명의 북한이탈주민 인터뷰만 진행할 수 있었다. 인터뷰 수 감소는 팬데믹이라는 독특한 상황으로 인한 결과이며, 이는 북한이탈주민에 대한 접근성이 제한되는 상황에서 연구의 신뢰성 확보를 위해 새로운 연구 방법론을 구축해야할 필요성을 시사한다. 팬데믹 이전에는 매년 일반적으로 1,000명 이상의 북한이탈주민이 대한민국에 입국했다. 그러나 2021년에는 63명, 2022년에는 67명, 2023년에는 196명의 북한이탈주민이 입국했으며, 이들 중 대부분은 코로나 전에 북한을 떠났다.(출처: 〈통일부〉 주요사업 통계, 북한이탈주민정책)

본 연구에 참여한 북한이탈주민은 자격 요건으로서 검토 기간(2019년 5월)이 시작된 이후에 북한을 떠난 이들로 한정되었다. 이 요건은 참여자의 증언이 검토 기간 동안 북한의 상황에 대한 직접적인 설명인지 확인하고 북한이탈주민이 제공하는 증언의 한계성을 조금이나마 극복하기 위한 목적으로 설정되었다. 그럼에도 불구하고 본 연구를 위한 조사과정에서 어려움은 분명히 존재했다. 첫째, 사회경제적 조건의 지역적 차이와 맥락에 따른 북한 정책 수행의 다양성으로 인해 조사 결과의 일반화에 어려움이 있었다. 둘째, 검토 기간 동안 코로나-19 팬데믹으로 인한 상황 변화를 고려할 때, 본 연구를 위해 모집된 북한이탈주민은 지리적 다양성이 낮다는 특징이 있었다. NKDB가 주도한 이전 조사에 비해 본 조사는 평양 출신의 북한이탈주민 비율이 상대적으로 크다는 특징이 있다. 이는 팬데믹으로 인해 북한의 국경 통제가 강화되었고, 이로 인해 탈북이 크게 제한되어 해외로 나갈 가능성이 더 높은 사회경제적 지위가 높은 사람들로 제한되었다는 데 기인한다.[6]

현장조사를 통한 정보수집이 불가능한 상황은 수집된 정보의 신뢰성을 확보하기 위한 교차검증이 필요하다는 것을 시사한다. 정보의 신뢰성은 논리적 일관성, 사건 빈도, 물리적 증거유무, 목격자의 유무, 북한의 전반적인 상황과 같은 기준에 의해 평가된다. 증거가 충분하지 않은 상황의 경우 신뢰성은 교차검증을 통해 판단된다. 2024년 1월을 기준으로, 북한인권정보센터의 데이터베이스에는 85,958건의 인권침해사례와 55,608명의 개별 인적 정보가 포함되어 있다. 본 연구에 사용된 정보는 북한인권정보센터가 보유하고 있는 데이터베이스의 정보

---

[6] 이전 UPR 보고서의 경우, NKDB는 대한민국에 거주하는 북한이탈주민 인구의 인구통계학적 분포를 훨씬 더 대표하는 참가자 표본을 사용하여 조사를 수행했다. 그러나 코로나-19로 인해 다른 인구통계학적 분포를 특징으로 하는 참가자 표본을 모집할 수밖에 없었다. 따라서, 평양 출신은 남한의 탈북자 인구의 0.2%에 불과하지만, 이 특정 UPR 보고서에 대한 NKDB의 조사에 사용된 참가자 표본의 30%에 해당한다는 것은, 코로나-19로 인해 평양 출신 탈북자의 비율이 높아졌음을 시사한다.

와 교차검증을 통해서 그 신뢰성을 확보하고자 하였다.

　면접조사는 2023년 10월 대한민국 서울에 위치한 조용하고 통제된 장소에서 진행되었다. 모든 면접조사 대상자들에게는 면접조사의 목적과 면접조사과정에서 수집된 정보의 활용에 대한 내용이 사전 고지되었으며 해당 내용이 기술되어 있는 동의서에 자필 서명을 받는 것으로 구술 설명과 문서를 통한 분명한 인지 및 동의 절차를 진행하였다. 또한 조사대상자들은 동의서 작성 이후에도 본인의 의사에 따라 답변을 거부하거나 중단할 권리가 있다는 것을 사전에 인지한 채로 인터뷰에 응하였다. 면접조사 대상자들과 북한에 남아있는 대상자들의 가족 구성원에게 잠재적인 악영향을 우려하여 면접조사 대상자들의 정보는 익명으로 처리하였으며, 본 보고서는 개인을 식별할 수 있는 어떠한 정보도 포함하고 있지 않다. 일부 증언 발췌본의 경우 면접조사 번호(UPR_#)로 구분하였으며, 면접조사 대상자의 인구통계적 특성은 〈표1〉에 기재되어 있다.

〈표1〉 면접조사 대상자의 인구통계적 특성

면접조사번호	성별	탈북년도	북한거주지역	면접조사일지
UPR01_남_2022_평양	남	2022	평양	2023.10.16
UPR02_남_2022_평양	남	2022	평양	2023.10.16
UPR03_남_2021_자강도	남	2021	자강도	2023.10.16
UPR04_남_2019_양강도	남	2019	양강도	2023.10.20
UPR05_여_2019_양강도	여	2019	양강도	2023.10.21
UPR06_여_2019_양강도	여	2019	양강도	2023.10.23
UPR07_남_2020_평양	남	2020	평양	2023.10.24

UPR08_여_2019_양강도	여	2019	양강도	2023.10.26
UPR09_남_2019_황해북도	남	2019	황해북도	2023.10.27
UPR10_남_2021_강원	남	2021	강원도	2023.10.27
UPR11_여_2019_양강도	여	2019	양강도	2023.10.27
UPR12_남_2021_평양	남	2021	평양	2023.10.27
UPR13_여_2019_양강도	여	2019	양강도	2023.10.29
UPR14_여_2019_평양	여	2019	평양	2023.10.29
UPR15_남_2019_평안남도	남	2019	평안남도	2023.10.29
UPR16_여_2019_평안남도	여	2019	평안남도	2023.10.29
UPR17_여_2019_양강도	여	2019	양강도	2023.10.30
UPR18_남_2019_양강도	남	2019	양강도	2023.10.30
UPR19_여_2019_양강도	여	2019	양강도	2023.10.31
UPR20_남_2021_평양	남	2021	평양	2023.11.02

또한 북한인권정보센터는 북한이탈주민들과의 직접적인 소통 외에도 북한 관련 영역의 전문가들과도 협의를 진행하였다. 본 전문가들은 유엔 메커니즘 및 국제기관과 함께 북한의 권고안 이행과 국제협력수준을 평가하는 개인들로 구성되어 있으며, 인도적 지원 활동가, 학자, 북한 법률 전문가, 북한 국영 매체 전문가, 북한 정치와 경제 분야 전문가를 포함하고 있다. 특히 검토 기간 이전에 탈북하여 한국에 정착한 북한의 고위관리들은 인권과 관련하여 북한 내부 체제에 대한 이해를 제공해주었다. 전문가들의 정보는 <표2>에 기재되어 있다.

<표2> 전문가 협의일자

면접조사 번호	전문 분야	인터뷰 일자
UPR3_Expert1	북한 국영 매체	2023.10.10
UPR3_Expert2	북한 아동권	2023.10.12
UPR3_Expert3	대북 인도적 지원	2023.10.12
UPR3_Expert4	북한 경제	2023.10.13
UPR3_Expert5	유엔 인권 조약	2023.10.13
UPR3_Expert6	대북 인도적 지원	2023.10.13
UPR3_Expert7	전 북한 외교관	2023.10.16
UPR3_Expert8	북한 여성권	2023.10.17
UPR3_Expert9	북한 법률	2023.10.24
UPR3_Expert10	대북 인도적 지원	2023.10.25
UPR3_Expert11	북한 장애인 인권	2023.11.01
UPR3_Expert12	북한 국영 매체	2023.11.02
UPR3_Expert13	유엔 인권 조약	2023.11.16

I. 국제협력

1. 국제인권기구 가입과 보고 의무

2. 국제원조

3. 인권담화

I. 국제협력

1. 국제인권기구 가입과 보고 의무

• 수용된 권고안

126.1   조선민주주의인민공화국은 국제 인권 조약 가입 가능성을 고려한다.(벨라루스)

126.3   아직 당사국이 아닌 주요 국제 인권 조약 비준을 고려한다. (코트디부아르)

126.4   핵심 인권 조약 모두에 가입할 수 있도록 노력을 지속한다.(에스토니아)

126.5   주요 인권 조약 모두를 비준하며, 특히 고문 및 그 밖의 잔혹한, 비인도적인 또는 굴욕적인 대우나 처벌의 방지에 관한 협약과 그 선택의정서를 비준한다.(그리스)

126.6   아직 당사국이 아닌 주요 인권 조약 모두를 비준한다.(온두라스)

126.7   아직 당사국이 아닌 핵심 국제 인권 조약 가입을 고려한다.(이란)

126.8   아직 비준하지 않은 핵심 인권 조약을 비준한다.(이라크)

126.11   고문 및 그밖의 잔혹한, 비인도적인 또는 굴욕적인 대우나 처벌의 방지에 관한 협약과 모든 형태의 인종 차별 철폐에 관한 국제 협약을 포함하여 당사국이 아닌 기타 국제 인권 조약을 비준한다.(대한민국)

126.12   아직 당사국이 아닌 핵심 국제 인권 조약에 가입하고, 당사국인 인권 조약 상 의무를 철저하게 이행한다.(팔레스타인)

126.13   모든 형태의 인종 차별 철폐에 관한 국제 협약을 비준한다.(조지아)

126.14   모든 형태의 인종 차별 철폐에 관한 국제 협약을 비준한다.(몬테네그로)

126.33 아동의 무력충돌 참여에 관한 아동권리협약 선택의정서를 비준한다.(토고)

126.34 여성에 대한 모든 형태의 차별 철폐에 관한 협약의 선택의정서를 비준하는 등 여성을 대상으로 한 폭력을 종식하도록 조치를 취한다.(나미비아)

126.36 국제인권조약 이행을 위한 국가 위원회를 운영한다. 이는 조선민주주의인민공화국이 당사국인 인권 조약 이행이 가시적으로 이뤄지도록 하기 위함이다.(투르크메니스탄)

126.37 국제인권조약 이행을 위한 국가 위원회 인적 및 금전적 자원과 자율성을 보장하여 국내 인권을 효과적으로 도모할 수 있도록 한다.(불가리아)

126.38 국제인권조약 이행을 위한 국가 위원회 역할을 개선하여 국제인권조약을 널리 배포하고, 인권조약체의 최종검토의견서와 보편적 정례 인권 검토에서 제기된 권고의 후속 조치를 취하는 국내 노력을 효과적으로 조율할 수 있도록 한다.(시리아)

126.41 국제공동체와의 협력과 대화를 도모하며, 특히 인권 증진과 보호를 위한 메커니즘 및 특별절차와 협력과 대화를 도모한다.(에콰도르)

126.42 유관 유엔 인권 메커니즘과 협력과 대화를 이어간다.(베트남)

126.43 유엔 기관 및 인권 메커니즘과의 협력을 강화한다.(팔레스타인)

126.44 유엔 인권조약체와의 협력을 강화하며, 국내적으로 권고 이행을 확실히 할 수 있도록 조율한다.(폴란드)

126.45 유엔 인권조약체와의 협력을 강화하며, 국내적으로 권고 이행을 확실히 할 수 있도록 조율한다.(몰디브)

126.46 아동권리위원회와 여성 차별철폐위원회 권고를 이행하는 데 필요한 조치를 취한다.(우루과이)

126.61 제2차 보편적 정례 인권 검토 권고 이행을 완료하도록 노력을 지속

한다.(부탄)

126.70 인권 관련 국제 대화와 협력에 적극 참여한다.(쿠웨이트)

126.72 장애인의 권리에 관한 협약과 아동의 매매·성매매 및 아동 음란물에 관한 아동권리협약 선택의정서를 이행하도록, 그 원칙과 요건을 관련 국내법에 반영한다.(투르크메니스탄)

126.74 국내법을 전면 검토하여 조선민주주의인민공화국이 당사국인 국제 인권조약에 명시된대로 인권을 증진하고 보호할 수 있는 법적 틀을 강화한다. (라오스)

126.77 장애인의 권리에 관한 협약과 아동의 매매·성매매 및 아동 음란물에 관한 아동권리협약 선택의정서를 완전히 이행할 수 있도록 그 원칙과 요건을 관련 국내법에 반영한다.(시리아)

126.78 국제인권조약 조항에 맞춰 국내법을 조정하도록 한다.(짐바브웨)

126.84 장애인의 권리에 관한 협약과 아동의 매매·성매매 및 아동 음란물에 관한 아동권리협약 선택의정서를 효과적으로 확실히 이행하도록 조치를 취한다.(필리핀)

126.85 장애인의 권리에 관한 협약과 아동의 매매·성매매 및 아동 음란물에 관한 아동권리협약 선택의정서를 효과적으로 확실히 이행하도록 조치를 취한다.(베트남)

126.98 조선민주주의인민공화국이 비준한 인권 조약 전문을 자국 언어로 번역하여 자국 내 네트워크(광명성)에 게시한다.(스웨덴)

126.100 지속가능개발목표 1-3에 맞춰 조선민주주의인민공화국 내 국민 모두가 자신의 건강과 안녕에 적합한 생활 수준을 보장받을 권리를 누릴 수 있도록 공적 지출을 조정한다.(네덜란드)

126.109 유엔과 국제공동체와 협력하여 보건권 이행을 포함하여 지속가능

개발목표를 달성하도록 한다(대한민국)

126.113 시민적·정치적 권리에 관한 국제 규약에 따른 의무를 다하고, 국민이 표현의 자유, 정보 접근, 국내외 여행을 포함하여 시민적 권리와 정치적 권리 모두를 행사할 수 있도록 한다.(이탈리아)

126.114 시민적·정치적 권리에 관한 국제 규약에 따른 의무를 다하고 국민이 표현의 자유, 정보 접근, 여행 등을 포함하여 시민적 권리와 정치적 권리 모두를 행사할 수 있도록 한다.(크로아티아)

126.147 해당국이 비준한 인권 조약으로부터 기인하는 의무를 준수한다. (우크라이나)

126.197 장애인권리위원회 검토 참여 등을 포함하여 장애인 권리 보호에 더욱 노력을 기울인다.(대한민국)

126.2.1 아직 당사국이 아닌 국제 인권 조약 비준을 검토한다.(볼리비아)

126.2.2 아직 당사국이 아닌 기타 핵심 인권 조약 비준을 검토한다. (인도네시아)

북한은 국제 인권 대화와 협력에 참여하는 데 폐쇄적인 태도를 보이는 것으로 악명이 높다. 북한 정권의 비밀스럽고 고립된 성격은 과거부터 현재까지 북한 내 인권 문제에 대한 투명한 논의를 지속적으로 방해해 왔다. 이러한 전력에도 불구하고 북한은 인권 문제에 대한 협력 증진과 연관된 40개의 권고안을 수용하였다.

북한은 본 3차 정례검토 시기에 인권 증진 의무를 수행하는 데에 어느 정도 수용적이고 우호적인 모습을 보여주었다. 특히, 북한은 아직 미가입한 핵심 인권 조약의 비준을 촉구하는 11개의 권고안(126.2.2, 126.2.1, 1261.11, 126.8, 126.7, 126.6, 126.5, 126.4, 126.3, 126.1, 126.12, 126.34, 126.33, 126.14, 126.13)을 수용했다. 북한은· 9개의 주요 인권 조약 중 5개를 비준하였다. 이 조약에는 시민적·정치적 권리 권리에 관한 국제 규약(International Covenant on Civil and Political Rights, ICCPR), 경제적, 사회적 및 문화적 권리에 관한 국제 규약(International Covenant on Economic, Social and Cultural Rights , ICESCR), 여성에 대한 모든 형태의 차별 철폐에 관한 협약(Convention on the Elimination of All Forms of Discrimination against Women, CEDAW), 아동의 권리에 관한 협약(Convention on the Rights of the Child, CRC), 장애인권리협약(Convention on the Rights of the Child(CRC), and the Convention on the Rights of Persons with Disabilities, CRPD)이 포함된다.[7] 그러나 2024년 현황을 분석해 보면, 북한의 진전은 한정적이었으며 3차 UPR 기간 동안 새로운 조약을 비준하지 않은 것으로 나타났다.[8] 이러한 한정된 진전은 인권 조약 의무를 준수하려는 북한 당국의 노력에 대한 의문을 제기한다.

한편, 그간 고문방지협약과 관련된 권고를 받아들이는데 부정적이였던 북한이 본 정례검토 기간에는 변화된 행보를 보이기도 했다. 북한은 놀랍게도 이 협약과 관련된 두 가지 권고안(126.11, 126.5)을 수용했다. 하지만 아쉽게도, 현재 평가 시점까지 위 두 가지 권고는 이행되지 않았으며, 이는 수용과 실제 현장에서의 가시적 조치 사이에 불일치가 있음을 보여준다. 이러한 불일치는 수용된 권고안들이 북한 내 인권 환경의 실질적인 개선으로 이어지는데 있어 괴리가 있음을 강조한다.

북한은 당국이 가입한 조약 기구에서 정한 의무 이행과 관련된 6가지 권고를 수용했다. 인권 조약에 비준한 당사국들은 본 지위를 위해 필수적으로 보고

---

[7] OHCHR, "UN Treaty Body Database," https://tbinternet.ohchr.org/_layouts/15/TreatyBodyExternal/countries.aspx?CountryCode=PRK&Lang=EN.

[8] OHCHR, "UN Treaty Body Database," tbinternet.ohchr.org, https://tbinternet.ohchr.org/_layouts/15/TreatyBodyExternal/countries.aspx?CountryCode=PRK&Lang=EN.

절차를 이행해야 하며 보고는 자발적 국가검토 보고서(Voluntary National Review, VNR)의 제출로 시행되고 있다. 북한이 유엔에 제출한 VNR에서 "북한은 비준 조약에 따른 약속을 이행하고 있다."고 주장했으나,[9] 현실은 그렇지 않았다. 본 검토 대상 기간 동안 북한은 유엔 여성 차별철폐위원회(CEDAW)에 당사국 보고서를 제출해야 할 의무가 있었음에도 불구하고 북한 당국은 의무를 이행하지 않았다. 북한은 CEDAW의 요건을 준수하고 있다고 주장하며 그 이행에 관한 정기 보고서를 유엔에 제출하고 있으나,[10] 마지막 보고서 제출 기한으로부터 이미 4년이 경과한 상황이다.

인권위원회(CCPR)는 2021년 6월 22일 보고서 제출에 앞서 쟁점 목록을 발표했다.[11] 이후 북한은 2022년 4월 22일(원래 기한은 2004년)에 보고서를 제출할 예정이었으나, 2024년 1월 현재까지도 이는 실행되지 않고 있다. 또한, 북한은 2008년까지 제출 기한이었던 경제, 사회, 문화적 권리 위원회(CESCR)에 보고서를 제출할 의무 역시 묵과하고 있다. 더불어 당초 2022년 10월 20일까지였던 아동권리협약(Convention on the Right of Child, CRC)에 대한 보고서 제출도 지연되고 있다. 이러한 가운데 진행된 북한의 장애인권리위원회(The Committee on the Rights of Person with Disabilities, 이하 CRPD) 단독

---

[9] DPRK, "Democratic People's Republic of Korea Voluntary National Review On the Implementation of the 2030 Agenda,"(June, 2021), p. 35, 〈https://sustainabledevelopment.un.org/content/documents/282482021_VNR_Report_DPRK.pdf〉

[10] Ibid., p. 24.

[11] 유엔 시민적·정치적 권리 권리위원회(Human Rights Committee)는 조약기구에 대한 보다 광범위한 개혁 이니셔티브의 일환으로 8년의 검토 주기와 모든 회원국에 대한 간소화된 보고 방식으로 전환하였다. 이러한 간소화된 접근 방식에 따라 위원회는 과거 정부 보고 및 비정부기구가 제공한 정보를 기반으로 공식화된 "보고전 쟁점목록"(List of Issues Prior to Reporting, LOIPR)을 제공함으로써 국가의 보고 주기를 시작한다. 그 후 검토된 국가는 보고 역할을 하는 LOIPR에 초점을 맞춘 응답을 제공한다. 따라서 보고 주기는 국가의 주도가 아닌 위원회의 조치에 의해 시작된다. 북한은 간소화된 보고 절차에서 어떠한 발표하지 않아 새로운 시스템에 자동으로 포함되었다. 결과적으로 위원회는 2021년 북한의 세 번째 보고 주기를 시작하여 과거 관찰(2001년으로 거슬러) 및 NGO가 제공한 정보에 기반한 LOIPR을 국가에 제공했다. NKDB는 2021년 1월 국제인권연맹(FIDH)과 공동으로 LOIPR를 위한 시민사회 보고서를 제출했다.

참여는 위와 같은 북한의 임의적 행동 중 주목할 만한 부분이다. 북한은 2019년 CRPD에 최초 보고서를 제출했다. 이후 위원회는 제131차 회의(2021년 3월 1일 ~26일)에서 북한의 제3차 정기보고서 제출에 앞서 문제들의 목록을 채택했다. 2023년 12월 13일, 북한은 CRPD가 전달한 문제들의 목록에 대한 답변을 제출했다.[12]

북한은 국내법과 국제인권조약 조항의 합응(126.72, 126.74, 126.78, 126.84)과 북한이 비준한 인권조약 전문을 국가망 서비스에 게시(126.98)하는 것에 관한 일련의 권고안들을 수용했다. 북한은 2012년 김정은 집권 이후 개인 통치에 기반한 체제에서 법과 제도에 기반한 시스템 중심의 통치로 전환하며 민주국가의 국제적 기준에 부합하는 "정상 국가"로 탈바꿈하기 위한 노력을 강화하고 있다. 최근 국가 정상화를 위한 법률 개정 및 제정이 활발히 이루어지고 있으며, 2019년 헌법 개정이 그 대표적인 예시이다.

북한은 국제사회의 인권 비판에 대응하여 법 개정을 하는 등 협력적인 자세를 보여 왔다. 그 결과 2012년부터 2022년까지 김정은 집권 10년 동안 북한 전체 법률의 약 50%가 개정 또는 새로이 제정되었다. 북한의 법률 개정은 기존 당국의 정권 유지를 위한 통제 및 처벌 강화의 성격과 국제사회의 요구를 적극적으로 반영하여 주민 복지 및 삶의 질 향상을 포함하는 이중적 성격을 띠고 있다. 그 가운데 사형제도에서 미성년자와 임산부에 대한 사형 집행을 금지하는 조항을 신설하는 등 국제사회의 인권 요구에 부응하는 법률 개정이 증가하고 있다는 점은 긍정적 양상으로 사료된다. 북한인권정보센터가 본 검토기간 동안 북한이탈주민과 진행한 조사에서 2019년 이후 처형된 임산부에 대한 목격이나 들어봤다

---

[12] Democratic People's Republic of Korea, Replies to the List of Issues Forwarded by the Committee on the Rights of Persons with Disabilities in Relation to the Initial Report of Democratic People's Republic of Korea, 2023.12.23.

라고 응답한 사람은 전무했다. 응답자의 15%는 18세 미만을 처형을 한 것을 득문한 바 있다고 답하였으나, 이는 대한민국에 입국한 후의 일이었다.[13]

2019년 북한 헌법 개정은 비상 통치를 의미하는 선군사상을 종식하고 사회주의 법치 국가 건설을 위한 법률적 구상을 적극적으로 추진한다는 데 그 의미가 있다. 북한 당국의 사법 개선은 혁명적 법 질서 확립과 사회주의 법치주의 강화를 위한 적극적인 조치로 인식되고 있다. 외형적으로 북한의 법은 당국의 통치 정당성을 위한 사회주의 법 체계의 형태를 띠고 있으나, 이는 구체적 법 체계 구축을 통한 형식적 법치주의를 추구하는 과정으로 이해할 수도 있다.

한편, 2019년 이후 북한은 국제사회의 제재 강화, 핵실험, 미사일 개발, 코로나-19로 인한 국경 폐쇄, 북미 정상회담 결렬, 남북관계 악화 등으로 경제적 어려움에 직면했다. 이로 인해 정보 차단, 내부 감시, 처벌 강화 등 국제 인권 조약의 기준과 괴리가 큰 정책이 시행되었다. 특히 2019년 이후 제정된 법률은 체제 유지에 초점을 맞춰 다양한 방면으로 심화되었다. 코로나-19 위기 상황에서 비상방역사업법(2020), 반동사상문화배격법(2020), 청년교양보장법(2021), 허풍방지법(2022), 평양문화어보호법(2023) 등의 법률 도입은 특히 청년층을 대상으로 외부 문화 정보를 차단하려는 북한 당국의 의도를 반영한다. 2023년 12월에 제정된 인민반조직운영법은 풀뿌리 차원에서 주민에 대한 감시와 통제를 강화하는 데 초점을 맞춘 것으로 보인다. 이러한 북한 당국의 법률 제정은 국제 인권 조약을 국내화하라는 권고와 상충된다. 뿐만 아니라, 북한 당국이 주민들을 위해 국제인권조약의 문안을 번역해 게시한 사실 역시 본 조사기간 동안 확인할 수 없었다.

북한은 "유엔 기구 및 인권 메커니즘과의 협력을 강화하라"(126.43)는 권고안

---

[13] 이가영, "北, 오징어게임 들여온 주민 총살…구입한 학생은 무기징역," 조선일보, 2021.11.24.

은 수용했으나, 북한인권 문제 관련 최고위의 유엔 권한 보유자인 북한인권특별보고관(이하 특별보고관)과의 협력과 관련된 권고안들은 일관되게 거부했다. 유엔 인권이사회 결의 2004/13호에 따라 특별보고관은 매년 북한인권 상황을 조사하고 이를 보고하기 위해 임명되고 있다. 본 검토 기간에는 엘리자베스 살몬이 토마스 오헤아 퀸타나, 마르주키 다루스만, 비팃 문타폰의 뒤를 이어 2022년 유엔 인권이사회에서 제4대 특별보고관으로 임명되었다.[14] 최초의 여성 특별보고관인 엘리자베스 살몬은 기존의 참여와 책임이라는 이원화 접근 방식을 유지했다. 그러나 관련 인력의 변화가 무색하게 북한의 협력 수준에는 변화가 없었다. 2022년 9월, 조선중앙통신(Korean Central News Agency, KCNA)은 북한 외무성이 새로 임명된 유엔 인권 전문가를 "편향적"이라고 규정하며 강력히 비판하는 내용을 보도했다.[15] 이러한 행동은 북한이 특별보고관의 존재를 국제사회로부터 고립된 북한 당국의 주권을 약화하기 위한 미국 주도의 악의적 행위로 인식하며 자신들의 불편한 심기를 노골적으로 드러낸 것으로 해석된다.

본 보고서는 엘리자베스 살몬의 취임 후 첫 대한민국 방문과 맞물려 발표되었다. 북한 외무성은 조선중앙통신의 보도자료를 그대로 인용하며 미국의 꼭두각시로 인식되는 '특별보고관'을 인정하거나 교류하지 않겠다는 북한의 원칙적인 입장을 되풀이했다. "북한은 사회 체제 전복을 노린 미국과 그 속국 세력의 대(對)조선 '인권' 공세를 결코 용서하지 않을 것"이라고 덧붙였다.[16]

북한은 "서울 사무소를 포함한 유엔 인권최고대표사무소(Office of the High Commissioner, OHCHR)와 협력할 것"을 여러 차례 권고 받았음에도

---

14 Office of the High Commissioner, "Special Rapporteur on the situation of human rights in the Democratic People's Republic of Korea" https://www.ohchr.org/en/special-procedures/sr-dprk.
15 "DPRK Will Never Pardon U.S. and Its Vassal Forces' "Human Rights" Racket: FM Spokesperson," 「조선중앙통신」, 2022.09.12.
16 Ibid.

불구하고 이러한 제안을 받아들이지 않았고, 계속해서 그 권고를 부정했다. 북한은 특별보좌관의 임무, 북한인권 결의안, 유엔인권최고대표사무소 서울사무소의 권한 등을 지속해서 부정하면서도 본 검토 기간 내 인권 영역에서 제한적으로나마 참여하는 모순된 행보를 보였다. 제 3차 UPR 이후, 북한의 주재국 대표단은 제네바에서 열린 OHCHR와 유엔 사무국 정치평화구축국이 주최한 인권 워크숍에 참가했다.[17] 그러나 안타깝게도 제 2차 UPR 기간 내 북한의 인권 조약 참여와 관련하여 관찰되었던 개선은 이후 북한이 국경을 폐쇄하고 국제 사회와의 소통을 단절하면서 갑작스럽게 중단되었다. 2019년 발생한 전 세계적인 코로나-19 팬데믹은 북한이 자국을 더욱 고립시키게 만드는 촉매제 역할을 했다. 국경 폐쇄를 포함한 북한의 극단적 조치는 북한과 국제기구 간의 교류에 심각한 영향을 미쳤다. 이러한 북한의 폐쇄적 행보는 정보의 유입 및 교류를 방해했을 뿐만 아니라 초기 UPR 주기 동안 미약하게나마 나타나기 시작했던 건설적인 대화에도 악영향을 미쳤다.

이에 반해, 지속가능발전목표(Sustainable Development Goals, SDGs)는 북한이 상대적으로 우호적 태도를 보이는 국제 메커니즘이다. SDGs는 국제사회 내에서 글로벌 협력의 구심점으로 부상하며 각국의 정책을 이러한 보편적 목표에 맞출 것을 촉구하고 있다. 북한은 SDGs와 관련된 두 가지 권고안(126.109 및 126.100)을 수용했다. 고립된 폐쇄 국가라는 평판 가운데 북한은 SDGs와의 상호작용을 통해 글로벌 개발 의제에 대한 일정 참여 의지를 보여주었다. 이러한 의지는 북한의 2019년 러시아 블라디보스토크에서 열린 유엔 아시아태평양 경제사회위원회(Economic and Social Commission for Asia and the

---

17 United Nations General Assembly, "Situation of human rights in the Democratic People's Republic of Korea," A/77/522, 2022.10.13.

Pacific, ESCAP)포럼 참가를 통해서도 확인된다[18] 이 지역 포럼은 회원국들이 SDGs를 포함한 경제 및 사회 개발과 관련된 이슈를 논의하고 협력할 수 있는 플랫폼을 제공했다. 북한은 본 포럼에 참여함으로써 북한이 지속 가능한 개발 문제에 대해 국제사회와 협력할 의지가 있음을 본 정례검토 기간 조기부터 드러냈다.

북한은 ESCAP 포럼 참가에 이어 2019년 7월에는 고위급 정치 포럼(High Level Political Forum, HLPF) 참가에도 관심을 보이며 국제사회 일원으로서의 도약 의지를 비쳤다. 북한은 코로나-19로 인한 어려움을 이유로 참가를 연기했으나, 2021년 원격으로나마 HLPF에 참가하는 등 그 의지를 표명했다. 이 글로벌 플랫폼은 북한의 자발적 국가검토(VNR) 발표를 촉진함으로써 SDGs에 대한 북한의 진전 상황, 도전 과제 및 전략에 대한 포괄적인 통찰을 제공했다.

그러나 2021년 뉴욕에서 개최된 원격회의를 통한 북한의 VNR 발표는 당국이 HLPF참가에 밝혔던 의지와는 다소 상반되는 방향으로 진행되었다. HLPF는 북한 당국과 북한인권 단체 연합 대표들 간에 열띤 토론을 벌일 수 있는 희소한 기회의 장으로 자리했다. 그러나 유엔 주재 북한 대표부는 HLPF에 앞서 주요 그룹 및 기타 이해당사자(Major Groups and Other Stakeholders, MGoS)로 등록한 북한인권 NGO 연합에 회의 전에 질문 목록 제공을 요청했다. 북한인권 기록에 대한 질의와 시민사회 활동에 대한 해명 등이 포함된 질문 목록을 받은 북한 대표단은 원격 HLPF에서 제출된 5개의 질문 중 단 하나에 대해서만 질의할 것을 요구하며 이를 위반할 때는 회의에서 퇴장하겠다고 위협했다.

북한은 유일하게 장애인에 관한 질문에 대해서만 답변 의사를 밝혔으며, 코로나-19 팬데믹 기간 드러난 아동권, 여성권, 강제노동, 차별, 인권 침해와 관련

---

18 "Presentation of the Implementation of SDGs in DPR Korea North-East Asian Multistakeholder Forum", October 2019, https://www.unescap.org/sites/default/files/Session%201-3.%20Country%20Presentation_DPRK.pdf.

된 질문에는 일체 거부의사를 표했다. 북한은 본 인권이사회에서 자국의 자발적 국가 정례검토(VNR) 제출 관련 회원국 중 유일하게 쿠바의 질문과 MGoS 대표의 질문만을 허용했다. 질의 과정 중 MGoS는 북한이 시민사회의 표현의 자유를 제한하려 했다는 우려를 강조하였다. 또한 강제 노동 문제에도 집중하였는데, 고아들을 광산과 집단농장에 강제 동원하고, 수감자들을 강제 노역에 동원한다는 문제를 제기했다. 이와 더불어, SDGs 달성을 위한 국가의 경제적 이익 증진을 명목으로 여성 노동권 착취 등의 문제에 대해서도 답변을 요구했다. 이러한 일련의 문제제기에 대하여 북한 대표단의 김성 대사는 "왜곡된 사실에 근거한 질문"이라고 일축하며 관련 답변 및 문제 해결을 거부했다. MGoS의 끈질긴 질문에도 불구하고 김성 대사는 장애인 권리와 관련된 제한적인 정보만 제공했으며, 이와 관련하여 북한 당국이 국제 기준에 부합하고 있다는 점에 대해서만 강조했다. 2021년 HLPF 원격회의에서 북한의 선별적 소통방식과 특정 사안에 대해서는 일체 무시하는 태도가 여실히 드러났으며, 국제무대에서 인권 문제에 대해 북한 당국과 소통하는 데 어려움이 있음을 명백히 보였다.[19] HLPF를 통한 대화의 장은 한정된 질문 수용을 통해 논의를 통제하려는 북한의 의도와 인권 문제 관련 공개 논의에 대한 당국의 지속적 저항을 적나라하게 보인 무대였다.

이러한 반복적인 불통은 서로 다른 관점을 가진 참가국들이 인권에 대해 공개적으로 논의하고 이를 합일된 방향으로 문제를 해결하는 것의 한계점과 복잡성을 보여준다. 본 사태는 국제무대에서 공개 질문의 범위를 제한하려는 북한 당국의 통제성을 보여줌과 동시에 북한과 북한인권문제에 대해 소통하는 데의 한계와 당국의 민감성을 강조한다. 또한 북한 당국의 공식 입장과 다양한 국제기구 및 인권 단체가 기록한 북한 내 심각한 인권 침해 실태에 대한 논의 사이에 괴리

---

[19] 김명성, "강제노동 해법 뭔가" "대답 안해"...유엔 회의서 ·인권단체 충돌," 『조선일보』, 2021.07.15

가 있음을 보였다.

  북한은 지난 제 2차 UPR 기간 내 국제조약기구에 보고서를 제출하는 등 인권 조약 이행에 있어 상당한 진전을 보이는 듯 했으나, 이후 진행된 3차 UPR에서는 지난 긍정적 행보를 크게 역행하는 모습을 보였다. 본 정례검토 기간 내 북한이 권고사항에 대해 밝힌 이행 의지는 제한적이었으며, 국제사회의 메커니즘 참여에도 소극적으로 대응했다. 그나마 적극적인 참여 의사를 밝혔던 SDGs 및 이와 관련한 원격 대화의 영역에서도 북한의 행보는 선택적이고 제한적이었다.

  북한은 2012년 김정은 집권 이후 2019년 직전까지 경제 개선, 대외 무역을 위한 법률 정비, 국제기구 가입 등 협력과 글로벌 통합을 위한 법률 개정에 우선순위를 두며 '정상 국가화'에 심혈을 기울이는 것으로 비춰졌다. 그러나 2019년 이후 북한의 법 개정은 주로 외부 정보 차단과 체제 유지를 위한 법률에 집중되고 있으며, 이는 시대 역행적 행보로 사료된다. 본 검토 기간 내 북한 사회의 이러한 변화는 국제 인권 조약의 약속 준수와 관련된 권고 사항과 모순되며 미진한 이행 결과로 확인된다.

I. 국제협력

2. 국제원조

• 수용된 권고안

126.41   국제공동체와의 협력과 대화를 도모하며, 특히 인권 증진과 보호를 위한 메커니즘 및 특별절차와 협력과 대화를 도모한다.(에콰도르)

126.43   유엔 기관 및 인권 메커니즘과의 협력을 강화한다.(팔레스타인)

126.56   유엔 및 기타 국제 인도주의 기관에 접근을 허용하여, 가장 취약한 이들을 지원할 수 있도록 한다.(아프가니스탄)

126.58   국제 인도주의 기관이 수감자를 비롯하여 가장 취약한 이들에게 도움을 줄 수 있도록 자유롭고 제한없는 접근을 즉각 허용한다.(아일랜드)

126.59   조선민주주의인민공화국 전역에서 인도적 활동을 할 수 있도록 제한없는 접근을 보장한다.(노르웨이)

126.62   아동권리보장법 이행 과정에서 유엔아동기금 및 기타 국제기구에 기술 협력과 역량 개발 지원을 요청할 것을 고려한다.(불가리아)

126.63   보건, 교육, 영양 및 식량 안보를 다루는 국제기구와 협력을 유지한다.(이란)

126.64   보건, 교육, 영양 및 식량 안보를 다루는 국제기구와 협력을 유지한다. (쿠웨이트)

126.65   보건, 교육, 영양 및 식량 안보 분야에서 국제기구와의 협력을 유지한다. (미얀마)

126.66   보건, 교육, 영양 및 식량 안보 분야에서 국제기구와의 협력을 유지한다. (파키스탄)

126.71 기술 및 직업 교육과 훈련의 질을 개선하도록 국제 교류를 도모한다.
(미얀마)

126.109 유엔과 국제공동체와 협력하여 보건권 이행을 포함하여 지속가능개발 목표를 달성하도록 한다.(대한민국)

지난 30년간 북한은 당국이 겪는 여러 문제를 해결하기 위해 국제사회의 인도적 지원에 의존해 왔다. 만성적인 식량부족, 경제적 제약 그리고 자연재해의 여파 속에서 북한은 국제 사회로부터 원조를 꾸준히 받아왔다. 북한은 제3차 UPR 검토에서 국제 원조와 관련하여 12개의 권고안을 수용하였다. 북한이 수용한 관련 권고안은 접근성 증진과 물자 수혜라는 두 가지 범주로 나눌 수 있다. 특히, 북한은 국제기구의 접근성 증진과 관련한 여러 권고안을 수용하였다.

이에 유엔은 북한팀(UN Country Team)을 매개로 북한에 인도적 지원을 제공하는 데 중추적인 임무를 수행하고자 하였다. 유엔의 북한팀은 세계보건기구(WHO), 세계식량계획(WFP), 유엔개발계획(UNDP), 유니세프(UNICEF), 유엔인구기금(UNFPA), 유엔교육과학문화기구(UNESCO), 그리고 식량농업기구(FAO)의 대표로 구성되어 있으며, 유엔의 협력 노력은 유엔 전략적 프레임워크(UNSF) 개요에 제시된 네 가지 전략적 우선순위를 근거로 한다. 이 전략적 우선순위에는 식량 및 영양 안보, 사회개발 서비스, 회복성 및 지속 가능성, 그리고 데이터 및 개발 관리 등이 포함되어 있다. 유엔 북한팀은 이러한 전략적 우선순위에 따라 다양한 주제별 그룹과 부분 작업 그룹을 통해 활동하며, 북한이 직면한 다양한 어려움에 대응하기 위해 포괄적으로 접근하고자 하였다. 이를 위해 인도적 임무 수행을 위한 각각 다섯 개의 유엔 기관과 국제 비정부가 평양을 기반으로 하여 북한 내에 거점해 있었다. 또한 국제적십자사 및 적십자회의(IFRC), 국제적십자위원회(ICRC), 스위스개발협력국(SDC), 유럽연합 식량안보국(FSO)

그리고 프랑스와 이탈리아 협력 사무실도 자리하고 있었다.[20] 그러나 유엔 북한 팀과 기타 국제기구들은 검토 기간 코로나-19로 인해 전례 없는 어려움에 직면했다.[21]

북한은 인도협력과 관련한 12개의 권고안 수용을 통해 인도적 지원 기관의 접근성 향상을 약속했음에도 불구하고, 코로나-19 팬데믹 기간 내 감시에 대한 규정이 포함된 권고안들에 대하여 명백하게 모순된 접근방식을 취했다. 북한은 "국제 인도적 기구에 즉각적이고 자유로우며 방해받지 않는 접근을 허용할 것"이라는 권고안을 수용했다(125.59). 그러나 동시에, 국제적인 보건 위기로 인해 발생한 전례 없는 위기상황에 북한은 국경을 완전히 폐쇄하는 극단적인 선택을 내렸다. 이러한 조치는 필요한 지원 물자의 전달뿐만 아니라 인도적 기관의 관찰 활동에 상당한 어려움을 주었다. 전례 없는 국제적 보건 위기 기간 중 국경 폐쇄 조치는 또한 북한에 필수적 지원을 제공하려는 국제기관 등에 높은 제약으로 작용하였다.

본 보고 기간은 코로나-19 팬데믹이 시작된 시점과 일치한다. 북한은 코로나-19 팬데믹과 관련하여 국경 폐쇄 및 격리 조치와 같은 대응 조치를 신속히 진행하였다. 1월 말에는 중국, 러시아 간 항공편이 중단되었고, 3월 9일에는 블라디보스톡 행 항공편 하나만을 제외하고 모든 북한 내외 항공편이 중단되었다. 또한 중국과 러시아 행 철도 운행 및 국경 간 도로 교통 역시 일제히 중단되었다. 한편 이와 같은 강도 높은 제한에도 불구하고 남포항 정제 석유 시설로 향하는 해상 운송은 지속되었다. 최근 보고된 바에 따르면, 원자재 및 상품의 국내 운송은 도로나 철도 화물로 재개되었으나, 코로나-19 이전 수준에 도달하지는 못한

---

20 Ibid.

21 United Nations Office for the Coordination of Humanitarian Affairs, "DPR Korea Needs and Priorities 2020."

것으로 확인되었다. 그러나 북한 당국으로 들어가는 인도적 지원을 포함한 물자 이동에는 부정적 영향이 여전히 지속되는 것으로 보인다. 북한으로의 인구 이동은 심각하게 제한되어 있으며 관련 활동의 보고가 현저히 적어 외교 단체나 유엔 인도적 기관 및 비정부 기관 직원의 현지 입국은 불가능한 것으로 나타났다.[22]

검토 기간 내 여러 국제기구가 유엔 전문가 패널(Panel of Experts)에 관련 보고서를 제출한 바 있다. 해당 보고서에 따르면, 코로나-19 팬데믹 시기에 북한이 강도 높은 국경 통제 및 내수 자립에 대한 강조를 지속함에 따라 필수 지원 물자 유통에 악영향을 미쳤으며, 이는 결국 북한 국내 상황 악화로 이어졌다고 밝혔다. 조사된 11개의 기구 중 6개의 기구가 지난 3년 동안 북한 당국과 교류 및 협력에 어려움을 겪었다는 것이 북한 제재 모니터링에 관한 최신 보고서에 게재되어 있다.[23] 코로나-19 팬데믹 기간 동안 국경 봉쇄는 북한의 인도적 위기를 심화시켰고, 이로 인해 관련 기관들은 북한 내 접근 허용권 취득의 어려움을 겪고 있으며 북한과의 통신 역시 중단되었다고 전하였다. 한편 최근 들어 북한은 해외에 갇혀 있던 북한 주민의 귀국과 중국과의 국경 무역 재개를 허용하는 변화를 추진하였다. 그러나 북한이 국제 인도적 지원 활동가의 입국을 허용할지에 대해서는 여전히 소식이 요원하다.

검토 기간 유엔 주최의 국제 표준 준수 성과 검토 회의는 2020년을 마지막으로 더 이상 진행되지 않았다. 그에 따라 유엔은 북한에 대한 인도적 지원의 필요와 우선순위에 대한 연례 계획 발표에 어려움을 겪어야 했다. 외국인 인도적 활동가의 부재에 따라 북한 내 인도적 위기의 심각성을 명확히 산출하는 데 제약이 있었으나, 유엔은 2020년부터 2022년까지 북한 인구의 약 45.5%인 1,200만 명이 영양실조 상태에 처했었을 것이라 추산하였다. 국제기관들은 북한 내 팽배

---

22 United Nations Security Council, "Report of the Panel of Experts," S/2020/840, 2020.08.28, p.47.
23 United Nations Security Council, "Report of the Panel of Experts," S/2023/656, 2023.09.12.

한 만성 영양실조, 기초 보건 서비스 접근의 제약, 수질 및 위생 상태 악화, 그리고 자연재해에 대한 취약성을 주요 위기로 지적하였다. 이러한 문제는 비단 코로나-19 팬데믹에만 기인한 것은 아니다. 북한의 국경 폐쇄 이전에도 유엔은 2019년 12월 북한 내 지원 대상 인구의 34%가 어떠한 형태로도 인도적 지원을 받지 못했다고 밝힌 바 있다.

수용된 권고안은 국제사회의 접근성 증진뿐만 아니라 구체적으로 "원조가 취약한 집단에 도달하도록 보장"하는 것을 포함하고 있다(126.56). 국경 폐쇄 이전의 유엔 북한팀은 "유엔 기관과 국제 비정부 기구가 인도적 활동 및 프로그램을 엄격히 모니터링하여 국제 원조가 취약계층에 도달하고, 지원 방향이 다른 곳으로 향하지 않게 하도록 노력하고 있다"고 강조하였다.[24] 그러나 북한 현지 거점 기관의 부재는 도움을 절실히 필요로 하는 취약 빈곤계층에 대한 실질적 지원을 보장하는데 어려움을 배가하고 있다. 2023년 한 인도적 단체의 전문가 패널은 관련 북한 상황에 대하여 보고서를 제출하였는데 그 내용은 아래와 같다.

국경 폐쇄는 만성 질환, 심각한 급성 아동영양실조, 결핵과 같은 특수한 의료 치료가 필요한 가장 취약한 인구와 관련하여 우려를 야기한다. (한 유엔 기관)을 제외한 국제 인도적 활동가들의 경우, 올해 2월 영양 보충 식품 및 영양 관련 제품의 수입 및 보급이 가능하였으나, 기존 북한의 보건 시스템을 지원하던 다른 국제 인도적 단체들은 2020년 6월 이후로 물자를 수입하거나 보급하지 못하고 있는 것으로 보인다. 엄격한 국경 폐쇄 조치는 소규모 상인이나 국경을 횡단하는 무역 및 수입 상품에 의존하는 산업에 더욱 부정적인 영향을 미친다.[25]

한편 전문가 패널 보고서는 코로나-19 팬데믹 기간에 위와 같은 부정적 상황이 지속되었음과 별개로 특정 기관들은 북한 당국과의 원격 프로그램을 통한 협

---

24 "DPR Korea Needs and Priorities 2020," p.34.
25 "Report of the Panel of Experts," S/2023/656, p.382.

력을 성공적으로 유지해 왔다는 점은 주목할 필요가 있다고 보았다.[26] 이러한 프로그램은 인도적 지원 범주에 해당하진 않지만 기후 변화와 환경 위기라는 국제적 의제에는 조응한다. 구체적으로 "기술 및 직업 교육, 훈련 품질을 향상하기 위해 국제 교류를 촉진하라"는 권고와도 합응하는 협력적 조치 등이 있다(126.71). 관련 국제 기관들은 코로나-19 국경 폐쇄 기간 내 원격 프로그램의 지속성 및 협력에 대한 함의를 긍정적 결과로 평가하면서도, 동시에 북한 당국이 해당 기관들과 대면 교육을 재개할 필요성에 대해서도 지적했다. 본 검토기간 동안 북한 당국이 환경 및 기후와 관련된 국제기관과 협력적 태도를 보인 것은 사실이나, 이 또한 북한 주도의 한정된 환경 내에서 실시되었다는 한계를 보이며 대면을 통한 실질적 교류로는 이어지지 못했다는 것이다.

북한이 제3차 UPR에서 국제사회의 인도적 지원과 관련하여 다수의 권고안을 수용한 점은 북한의 인권정례검토 회기가 시작된 이래 반복된 양상으로 확인된다. 인도적 지원은 UPR 회기 내 북한에 제시되는 권고안 중 큰 비율을 차지하는 영역이었으며, 지난 제 2차 UPR 회기에서는 실질적 진전을 보이기도 했다. 지난 회기 동안 북한 당국은 관련 인도적 협력 파트너 기관들과 약속된 절차를 성공적으로 이행한 바 있다. 그러나 본 검토 기간 실시된 급작스럽고 광범위한 국경 폐쇄 조치는 필수적인 지원 물자 전달에 지대한 영향을 미쳤으며 과거의 진전으로부터 역행하는 결과로 이어졌다. 본 기간 내 북한으로부터 탈출한 이들의 증언 가운데 인도적 지원과 관련한 정보가 없다는 점은 관련된 직접 증언을 얻는 데 어려움이 있다는 것을 보여주는 동시에, 국제사회의 인도적 지원과 절차를 둘러싼 투명성의 부족을 반증한다.

---

26 박세림 "[기후위기, 北] "독일 '녹색띠'처럼 DMZ 개방되기를"…베른하르트 젤리거 소장" 『SPN 서울평양뉴스』, 2023.10.16, https://www.spnews.co.kr/news/articleView.html?idxno=71658.

I. 국제협력

3. 인권담화

• 수용된 권고안

126.73   자국 시민이 완전하게 인권을 향유할 수 있도록 인권을 증진하고 보호하는 사법 조치를 추가적으로 이어 나간다.(라오스)

126.75   국제 인권 표준에 맞춰 국내법을 지속적으로 정비한다.(러시아)

126.79   인권을 보호하고 증진을 위한 사법 조치와 실질적인 조치를 취하도록 노력을 경주한다.(에티오피아)

126.80   국제 인권 기준과 표준에 맞춰 인권을 보호하고 증진하려는 노력을 지속한다.(네팔)

126.81   인권 증진과 보호 노력을 계속한다.(나이지리아)

126.84   조선민주주의인민공화국이 당사국인 인권 조약을 효과적으로 이행할 수 있도록 국내 조율을 강화한다.(필리핀)

126.86   인권 증진과 보호에 부정적인 영향을 미치는 과제를 해결하고, 국제 표준에 맞춰 인권을 향유할 수 있는 환경을 조성하도록 노력을 강화한다.(팔레스타인)

126.87   인권을 증진하고 보호할 수 있는 자국 역량을 강화하도록 노력을 경주한다.(벨라루스)

126.94   대의 기관(people's power organs) 및 사법 기관 관계자를 대상으로 한 인권 인식 고취 노력을 강화한다.(에티오피아)

126.96   시민들의 인권 인식 고취 활동 참여를 독려한다.(미얀마)

126.97   인권 인식 고취 활동 및 교육 프로그램을 촉진한다.(필리핀)

북한의 세 번째 정례검토 기간 동안 북한 당국은 "인권에 대한 올바른 인식을 국민에게 확산하고, 이를 기반으로 한 정책 및 교육을 적극적으로 추진하라"는 권고안을 수용하였다. 해당 권고안은 북한 당국에게 국가 차원에서 범국민적 인권 교육을 실시하고 이를 기반으로 국민 간에 인권을 존중하는 문화를 확립하도록 권장한 것으로 북한은 이러한 노력을 통해 인권을 존중하는 사회를 형성할 것을 약속하였다.

북한 당국이 자국의 인권 논조뿐만 아니라 인권에 관한 다양한 국제적 관점을 고려하고 있음은 북한 국영 매체 담론에서도 나타난다. 인권에 관한 내용을 다룰 시에, 북한 국영 매체는 관련 내용 및 논조를 따옴표로 강조하여 표시하였다. 이러한 의도적인 따옴표 표기는 인권의 개념을 해석하고 이해하는 데 있어 국제적으로 통용되는 표준과 북한 간의 차이가 있음을 언어적으로 전달하고자 하는 것으로 보인다. 북한 당국은 이러한 세밀한 언어적 전략을 통해 인권 문제에 접근할 뿐 아니라 국제적 맥락에서 인권의 논쟁적인 성격을 미묘하고 교활하게 전달하고자 하는 의도를 보인다. 이러한 맥락에서 따옴표의 사용은 문법적 관례와 함께 북한이 국제사회에서 인권과 관련된 다양한 담론에 대한 인식을 나타내는 교묘한 지표라고 볼 수 있다.

세 번째 정례 검토 기간인 2023년 7월 조선노동당 통일전선부 산하의 평양출판사가 발간한 '인권동토대,' 일명 '남한인권보고서'는 북한 당국의 인권에 대한 관점을 명확히 드러낸다. 이 보고서는 북한이 인권에 대한 논조를 당국에 대한 국제사회의 주권침해 비판 및 폭로의 수단으로 간주하고 있음을 보인다. 또한 이는 국내외적으로 인권의 개념을 정교하게 조작하고 교육하려는 북한 당국의 시

도를 반증한다.[27]

　북한인권정보센터가 본 검토 기간 동안 북한이탈주민과 진행한 조사에서도 이러한 북한 당국의 인권과 관련된 노력이 국제사회에 대한 비판적 입장을 강화하는 데 중점을 두고 있음이 확인되었다. 조사 응답자 중 65%는 2019년 이후 북한 거주 당시 '인권'에 대해 듣문한 바 있다고 진술했으나, 이는 앞서 언급된 것처럼 북한 당국이 국제사회 및 한국으로부터의 추궁을 회피하고 자국 내에서의 인권 실태를 조작하려는 선전행위의 결과인 것으로 드러났다. 북한의 선전 활동은 국제사회로부터의 고립을 완화하고 자국 내 열악한 인권 실태를 인민에게 숨기기 위한 노력으로 해석되며, 이는 북한 당국이 본 정례 검토 시기에 약속한 올바른 인권 개념의 교육 및 확산과는 괴리가 크다.[28]

　"그리고 북한에서 선전 매체 같은 것들이 돌아요. 그런 걸 나올 때 거기서도 인권이란 단어가 언급이 되거든요. 그러니까 이쪽에 당기관 사람들이 모아 놓고 음성으로 잡힌 거 있잖아요. 녹음돼 있는 그거를 들려주고 하는데 이 쪽에서 미국이랑 이렇게 한국 쪽에서 인권 가지고 들먹이면서 자기들을 이렇게 어쩐다 이런 내용의 그런 선전 매체 같은 거 있잖아요."[29]

　"우리 이거 한마디로 누려야 할 의식주의가, 의식주의에서 누려야 할 권리를, 자기네 때문이 아니라 미국이나 다른 서방 서유럽 이런 데서 제재를 하고 있기 때문에 우리

---

27 평양출판사, "인권동토대: 남한인권보고서"(평양출판사, 2023)는 북한 노동당 통일전선부 산하 평양출판사에서 '남조선 인권 실상을 파헤쳐본다'라는 부제와 함께 대한민국의 인권실태를 고발하는 목적으로 발간되었다. 본 보고서는 2023년 3월 대한민국 통일부에서 최초로 공개 발간한 '2023 북한인권보고서'의 목차와 형식을 그대로 따르고 있어, 이에 대한 반발조치로 해석된다. 발간서의 주요 목차는 1)여지없이 말살되는 사회정치적 권리, 2) 무참히 짓밟히는 경제문화적 권리, 3)범죄와 여성천시, 패륜패덕의 난무장, 그리고 4) 침략자의 군화 밑에서 신음하는 인권 등 크게 4가지로 구성되었다.
28 "On Root of Situation in Korean Peninsula on Brink of Bust," 『로동신문』 2023.03.17.
29 UPR19_여_2019_양강도

가 이거 누려야 할 권리의 권리를 못 누린다 이렇게 강의하고, 그 다음에 사회정치적 권리는 사회주의 제도가 뭐 한마디로 뭐 근로인민들을 위한 아주 이 아주 좋은 사회 제도이기 때문에 자본주의 제도에서는, 자본주의에서는 침해당하고, 인권이 보장되지 않고, 오직 사회주의 제도에서만, 그러면서 핑계 이거 실례되는 게 미국에서 총격 사건이 일어난다 하면, 그거 총격 사건 한 번 일어난다면 그걸 신뢰도 가져와서 이렇게 인간이 사회적으로 생명권이나 이런 걸 보장받지 못한다. 미국에서는, 그러나 우리 국가, 우리 세상에서는 그런 행위 자체가 없으니까. 참답게 보장해 준다."[30]

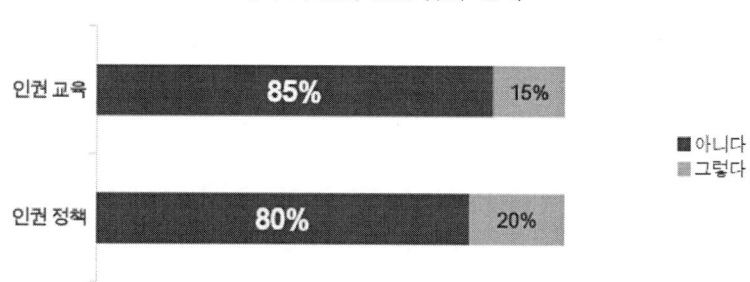

국가 차원의 인권 담화 전개

북한인권정보센터는 본 조사를 통해 북한 당국의 인권에 대한 왜곡된 인식을 확인하는 동시에 실질적으로 국가 차원에서 행해진 범국민적 '인권' 교육이나 정책 전개 유무를 조사하였다. 북한이 당국의 열악한 인권 실태를 인민에게 투명하게 공개하지 않는 것과는 별개로 인민에게 천부적 권리인 '인권'에 대한 이해와 이러한 권리가 보장되어야 한다는 인식을 고취하는 것이 무엇보다 우선되어야 하기 때문이다. 2019년 이후 북한 당국 차원에서 진행된 인권 교육, 강연회, 혹은 방침 등과 관련한 질문에 85% 조사자는 부정적으로 응답했다. 정부 차원에서 실시한 교육을 이수한 경험이 있다고 응답한 15% 중 대다수는 주로 국가 기

---

30 UPR02_남_2022_평양시

관 및 정책 기관에 종사하였으며, 그들이 언급한 교육 및 강연회 역시 불필요한 폭력 행위 등으로 국제사회에 주목받는 것을 방지하려는 경고적 성격이 강했다. 인권의 실질적 정의에 대해 교육을 받았다고 응답한 조사자는 단 한 명에 불과하였는데, 이 역시 교과서에 기재된 내용을 기억하는 정도에 머물렀을 뿐, 이에 대한 실질적이고 구체적인 교육을 이수한 것은 아니라고 진술했다. 이러한 결과는 북한 당국이 본 정례검토 시기에 약속한 인권 개념의 범국민적 교육과 현실 간에 상당한 간극이 존재함을 시사한다.

"강연이 아니고 학교 교육 교과 과정에 교과서에 있어요. 그게 그렇게 깊이, 넓게 다루는 게 아니고 그냥 스쳐 지나가는 게 있어요."[31]

"[인권]이야 많이 들어봤죠. 저희는 제가 지금 보면 법대를 나왔잖아요. 제가 법대를 나왔는데 기초에서부터 마지막 졸업까지 인권 유린에 대해서는 저는 너무나도 많이 들었고 제가 탈북 직전까지도 인권과, 항상 인권은 입에 붙어 살았어요. 그러니까 인민 위에 군림하지 말라고, 우리 법에서 지금 요구하는 거거든요. 항상 인민을 존중하고 인권 유린을 하지 말고. 의미가 그러니까 결론은 범죄자도 까 때리지 말라."[32]

본 정례검토 기간 동안 북한 당국은 "국민의 인권을 보호하고 증진하는 사법 조치 및 실질적 조치"를 이행하라는 권고안을 수용했다. 그러나 북한이탈주민 조사자의 80%는 2019년 이후 북한 사회 내 인권 존중 문화를 고취하기 위한 국가 차원의 정책은 전개되지 않았다고 응답했다. 이러한 결과는 북한 당국이 약속한 내용을 이행하지 않았음을 확인하는 한편, 약 20%의 응답자만이 북한 당

---

31 UPR13_여_2019_양강도
32 UPR15_남_2019_평안남도

국의 긍정적인 변화를 인식한 것으로도 해석된다. 그러나 2019년 이후 북한 당국 차원에서 국민의 인권을 증진하기 위한 구체적인 정책적 노력을 전개했다고 응답한 20%의 조사자에게 해당 정책 내용을 물었을 때 돌아온 답변은 대체로 구체성이 부족했다. 과거 북한에서 공공연하게 자행되었던 인권 유린 행위를 자제하라는 내용의 모호한 언급이 주를 이루었으며, 실질적 폭력 방지 등의 구체적인 지침이 내려왔다고 하더라도 이는 본래 금지되어야 하는 행위를 다시 한 번 확인한 것에 불과했다고 증언했다.

"제가 피부에 와닿게 들어본 적은 없어요. 굳이 인권이라고 표현할 때, 어떤 문제가 있을 때 서로 싸우고 주먹질하고 하는 것도 인권에 들어간다면 김정은 정권 들어와서 우리 한국처럼 싸울 때 먼저 손댄 사람을 아예 엄격히 처벌하는 그런 게 나왔어요. 그리고 군대 같은 경우에도 밑에 사람들 절대 손대지 못하게 강하게 이렇게 통제하고.있어요."[33]

"여기 경찰들 보고 보안원이라고 그러는데 북한은, 보안원들이 인민들을 대할 때 항상 겸손하고 그 다음에 말도 이거 문화어로 쓰라 하니까 말에서. 말도 인권유린이 들어가는 거잖아요. 그러니까 말도 인권유린은 하지 말라 행동도, 말과 행동 다 인권유린 하지 말라는 소리죠."[34]

"그러니까 법으로는 제정됐어요. 근데 실현은 없어요. 왜냐하면, 그걸 너네 인권을 뭐 존중해야 된다. 지켜야 된다는 게 아니고 너희들이 국가의 법을 지켜라 그렇지 않으면 너네 인권 없다. 이런 의미지. 우리는 거꾸로 됐지 거꾸로. 우리한테 인권이란 존중

---

[33] UPR09_남_2019_황해북도
[34] UPR15_남_2019_평안남도

을 받으려고 하면, 국가가 자체가 안 되잖아요."[35]

최근 몇 년간 북한의 법령과 국영매체에서 인권에 대한 언급이 두드러지게 증가한 것은 사실로 확인된다. 그러나 북한이 채택하여 활용하는 인권의 개념이 국제인권법에서 제시하고 있는 기준과 괴리가 있다는 것을 인지해야 한다. 북한의 인권에 대한 해석과 보편적으로 통용되고 있는 인권 사이의 이러한 간극은 북한과 국제사회의 인권에 대한 인식 간의 불일치를 드러내는 것이기도 하다.

또한 북한이탈주민의 증언에서도 북한 당국이 채택하여 활용하고 있는 인권의 개념과 보편적으로 통용되고 있는 인권의 개념 사이의 간극이 명확하게 드러났다. 북한의 이러한 인권개념의 변용은 국제사회에서 확립되어 통용되고 있는 인권 인식의 기준에 맞추기 위한 북한 당국의 의지에 문제의식을 제기한다.

---

35 UPR17_여_2019_양강도

Ⅱ. 소수자의 인권

1. 여성권

2. 아동권

3. 장애인

II. 소수자의 인권

1. 여성권

• 수용된 권고안

126.34 여성에 대한 모든 형태의 차별 철폐에 관한 협약의 선택의정서를 비준하는 등 여성을 대상으로 한 폭력을 종식하도록 조치를 취한다.(나미비아)

126.82 사회 취약 계층 인권 증진과 보호 노력을 강화한다.(나이지리아)

126.102 경제 및 사회 발전 계획 하에 조치를 마련 및 유지하여 특히 아동, 여성, 노인 및 장애인을 포함하여 국민의 안녕을 보장한다(쿠바)

126.106 여성, 아동, 장애인 및 노인을 포함하여 취약 계층 인권을 보호하는 프로그램을 강화한다.(필리핀)

126.107 여성, 아동, 장애인, 노인의 안녕을 도모하도록 조치를 마련하고 확대한다.(짐바브웨)

126.112 기후변화와 기후변화가 생활에 미치는 영향을 관리하는 총체적인 전략을 마련하는 데 여성, 아동, 장애인, 토착민 및 기타 소외된 지역사회를 포용하고 이들이 참여할 수 있도록 한다.(피지)

126.134 인신매매, 특히 여성 및 아동 매매를 근절하는 정책 채택을 고려한다.(필리핀)

126.172 성평등을 보장하고 젠더를 기반으로 한 폭력으로부터 여성을 보호하도록 즉각 조치를 취한다.(아르헨티나)

126.173 실제 성평등이 보장되고, 여성과 여아를 대상으로 한 폭력에 면죄부를 주지 않도록 조치를 취한다(호주)

126.174 여성권 및 아동권 증진과 보호에 있어 부족한 부분을 해결하도록 조치를 강화한다.(부탄)

126.175 여성권과 여성 역량강화(empowerment)를 도모할 수 있는 전면적인 행동 계획을 마련하고 채택하며, 그 이행을 살피고 평가한다.(불가리아)

126.176 아동 대상 폭력을 막고 여성 역량을 강화하여 여성이 국가 기관에 주요 직책을 맡을 수 있도록 노력을 지속한다.(이집트)

126.177 여성 공무원 채용을 늘리고 정책 결정 기관 내 여성의 역할을 강화하도록 구체적인 조치를 취한다.(파키스탄)

126.178 여성 역량 강화를 촉진하도록 추가적인 조치를 취한다.(필리핀)

126.179 성평등 증진을 위해 조치를 취한다.(베트남)

126.180 여성을 대상으로 한 불평등을 파악하고 해결할 수 있도록 법을 강화한다. 특히 교육 및 채용 접근 문제를 살핀다.(코트디부아르)

126.181 여성권리보장법을 검토하여 젠더를 기반으로 한 폭력이 여성에게 가해질 경우 모든 부문에서 이를 범죄화하도록 한다.(벨기에)

김정은 체제 아래의 북한은 여성권과 관련하여 표면적으로나마 진보하는 모습을 보인 바 있다. 특히 여성권 문제는 북한의 인권 영역에서 상대적으로 수월하게 달성 가능한 목표로 간주되기도 했으며, 북한이 자발적으로 참여할 가능성이 높은 영역으로 국제사회에 사료되었다. 북한 당국은 성평등법(1946), 조선민주주의인민공화국 사회주의 헌법(1972), 여성의 권리 보호 및 촉진법(2010) 등 각종 법률에 성평등 원칙을 포함시켰다. 북한은 또한 2001년에 국제인권 규약 중 여성 차별철폐협약(Convention on the Elimination of All Forms of Discrimination Against Women, CEDAW)을 비준하며 여성권 제고와 관련한 북한 당국의 의지를 국제사회에 표명했다. 연이어 이루어진 정례검토 회기 동안 북한은 여성의 권리와 관련된 다양한 권고안을 수용했으며, 가장 최근인 세 번째 UPR에서는 17개의 권고안을 수용했다.

국제사회로부터 제기된 권고안 중 북한은 "성평등을 보장하기 위한 조치를 취하라"는 권고안을 다수 수용했다. 그러나 본 회기 이전부터 북한은 자국 내 성평등은 이미 이루어졌다고 일관되게 주장해오고 있다. 이러한 북한의 주장은 당국이 발간한 2021년 자발적 국가 검토보고서(VNR)에서 재차 강조되었다. 이 보고서에서 북한 당국은 "이미 성평등을 달성했으며, 대부분의 전 세계적인 지속가능한 발전 목표(SDGs)가 달성되었다."고 명시했다. 그러나 성평등 조치와 관련한 북한 당국의 이러한 단언적 표명은 국가 내 성평등을 보장하기 위한 구체적인 추가 조치를 취하고자 하는 당국 차원의 의지가 없음을 역설적으로 내포한다.

북한은 성평등 보장과 더불어 정책 결정 기관 내 여성의 역할을 강화하도록 구체적인 조치를 취하라는 권고안을 수용하였다. 이에 대해 북한의 조선사회과학자협회(KSS)에서는 "모든 계층의 조선 여성들이 최고인민회의 대표로서 가치 있는 삶을 영위한다. 교수 및 의사로 활동하고 충분한 문화 생활 조건을 갖춘 곳에서 일하고 살며 좋은 의료 서비스를 받는다."[36]고 강조하였다. 그러나 북한 당국이 제출한 VNR에서는 정치, 경제 및 사회 영역에서 여성의 권리를 강화하기 위해 시행되고 있는 실질적 조치에 대해 구체적으로 적시하지 않았다.[37] VNR에 따르면, 2019년에 제14차 최고인민회의에 선출된 대표들 중 여성이 17.6%를 차지했다고 한다.[38] 또한 여동생 김여정 및 딸 김주애와 김정은의 공개적인 동반 출연은 여러 전문가들과 국제사회가 북한 정권이 유지해왔던 남성 선호 문화에서

---

36 "DPRK Provides Women with Genuine Human Rights," 『Korean Association of Social Scientists』, 2023.03.31.

37 Voluntary National Review, p.24.

38 Ibid.

탈피하고 기존의 성 문제에 대한 접근 방식을 변화시킬 가능성에 대해 추측하게 했다.

그러나 이와 같은 북한 당국의 노력에 대하여 국내 북한 여성권 연구가는 회의적인 반응을 보였다. 북한인권정보센터가 실시한 자문에서 관련 전문가는 지난 2022년 6월 북한 당 중앙위 8기 제5차 전원회의 확대회의에서 지명된 최선희 외무상[39]을 예시로 북한 당국의 표면적 행위에 대해 깊은 우려를 드러냈다. 북한 최초의 여성 외무상 지명이라는 파격적인 행보는 여성이 아닌 한 개인의 능력에 기반한 것일 뿐, 북한 내 여성권의 제고와 연결 지을 수 없다는 것이다. 이러한 북한의 여성권 제고에 대한 회의적 의견은 북한이탈주민 조사에서도 나타났다. 조사자들 중 75%는 북한 내 여성권이 본 검토 기간 동안 개선되었다고 볼 수 없다고 주장했다. 특히 여성의 정치 참여와 관련하여 조사자들은 국가기관 및 정책기관 내 여성의 등용은 북한 내 성별의 문제와는 무관하다는 의견을 표하였다. 여성 중 정치에 참여하는 인원이 증가했다고 하여도 이는 개개인의 능력 및 경제력에 기반한 것일 뿐, 성평등을 위한 등용과는 괴리가 있다는 것이다. 또한 조사자들은 이러한 현상에 대하여 여전히 북한 내 만연한 사회적 봉건사상을 지적하였다. 제도적으로 성별에 의한 기용을 차별화하지 않는다고 할 지라도 사회 내에서 여성에게 필수 교육과 여건을 보장해 주지 않기 때문에 개인의 능력과 경제력이 뒷받침되지 않는 한 실질적 등용으로는 나아갈 수 없다는 것이다.

"근데 여성들이 결혼한 후에는 대체로 사회생활을 크게 하지 않으니까, 이후에 김

---

39 최선희(1964년08월10일 출생, 여성, 조선민주주의인민공화국 평양시 출신)은 외무성 제1부상을 거쳐 2022년 06월 당 중앙위 8기 5차 전원회의 확대회의에서 내각 외무상 및 조선로동당 정치국 후보위원에 임명되었으며 2024년 현재까지 역임하고 있다. 주요 이력으로는 외무성 상, 당 정치국 후보위원, 최고인민회의 외교위원회 위원, 최고인민회의 제14기 대의원, 당 중앙위원회 위원, 전 당 중앙위원회 후보위원, 전 외무성 제1부상, 국무위원회 위원 등이 있다.

정일 정치대학이라든가 가는 거는 다 그래도 한 자리하던 사람들이 가는 거거든요. 여성들은 그런 교육 자체를 받을 수 없죠. 저는 북한 체제 특성상 그런 것이 불만스럽진 않아요. 북한 체제는 여성들이 적극적으로 참여하지 않으려고 하는 숨겨진 것들이 있으니까요."[40]

"당일꾼 하자면 공부를 많이 해야 돼요. 인민경제대학도 나와야 되고, 고급당학교도 나와야 되고 그런 게 많은데, 솔직히 북한은 여자들이 많이 수입을 버는 시스템 구조가 다 있으니까 남자들이 가정 생활하면서, 아이를 키우면서 여자가 고급당학교 간다는 건 좀 말이 안 되죠. 구조가 좀 그렇다 보니까 여기처럼 월급을 타서 그냥 먹고 사는 게 아니잖아요. 남자가 월급 타서 여자가 공부할 수 있죠. 근데 북한은 그게 아니고 여자가 장사를 해서 돈을 벌어야만 남자도 공부시킬 수 있어요. 여자들이 좀 고급당학교 같은데 가기가 어려운 조건이 많죠. 저희 주변에서 고급당학교 여자 한 분이 갔는데 그 분이 이야기하는 거 봐서는 '고급당학교 갔을 때 여자가 자기네 학년에 10명 정도 됐다.' 했어요. 몇 명인지는 모르겠지만 학년에 10명이면 엄청 작은 거에요."[41]

"일반적으로 북한이 가지고 있는 남존여비 사상은 아직도 있는 거고, 그게 기본 문화로 자리를 잡고 아직도 그 의식에서 못 벗어났으니까요."[42]

앞서 언급된 "경제력"에 대한 북한이탈주민들의 강조는 변화된 북한 사회 시스템을 반증하는 결과이기도 하다. 북한은 독자적인 사회주의 정권 수립 이후 봉건사회적 남성중심의 사회를 구축하였으나, 1990년대 중반 고난의 행군이라는

---

40 UPR09_남_2019_황해북도
41 UPR16_여_2019_평안남도
42 UPR02_남_2022_평양시

극심한 경제난을 겪으면서 사회 중심축의 변동이 있었다. 북한의 중앙 계획 경제 및 공공 분배 시스템의 붕괴 아래, 북한 여성들은 생계를 유지하기 위해 시장경제로 내몰렸고 이는 역으로 북한 여성들로 하여금 가정 내 실질적 가장의 역할과 가정 경제력의 중심에 도달하게 하였다. 1990년대 이래 북한 여성이 경제력을 보유하는 한편 북한 남성들은 돈을 받을 수 없는 직장에 강제로 출근하는 상황이 지속되면서 전통사회적 부부 구도의 역학 관계는 바뀌었다. 그러나 이에 대해 북한 여성권 전문가는 북한 사회에 뿌리 깊게 자리한 남존여비 사상을 단순히 경제적인 성취만으로는 해소하기 어렵다고 주장했다. 북한 사회 내 만연한 남존여비 사상은 여성에 대한 봉건사회적인 역할 할당에 대한 인식이 남성 뿐만 아니라 사회 전반에 퍼져 있는 현실을 반영한다. 해당 전문가는 북한 여성은 이러한 사회적 제약으로 인해 자신의 권리와 역할에 대해 제한적인 인식을 갖게 된다고 부연했다. 즉, 북한 여성들은 더 넓은 범위에서의 자신의 권리와 가능성을 인지하지 못하며 봉건사회적 가치관에 따라 스스로에게 한계를 부여하고 있는 상황이라는 것이다. 북한이탈주민의 증언을 통해서도 여성 차별 문화가 단순히 경제적 변화로만 극복되기 어려운 현실이라는 것을 확인할 수 있다.

"남자들이 폭력이 많아지는 것도 '나 때문에 네가 논다. 내가 없으면 너는 나처럼 일 다녀야 된다. 그러니까 내가 못 벌어와도 네가 나와서 우리 먹고 살기 좋게 장사 좀 잘 해.' 그런 인식이 좀 있단 말이에요 […] 여자들은 현실적으로 앞으로의 일 때문에 매도 맞고 이래도 갈라질 생각을 못하고, 또 자식들이 있으니까. 북한에 또 뭐가 있냐 하면 '이혼자 자식들은 간부도 못 쓰겠다.' 입당도 안 시키고 이혼자 자식들은 여기로 말하면 고위직에 선출을 안 시키고 제일 차단시켜 놓으니까. 북한에서는 간부사업 할 때 신원조회를 하는데 이 사람의 신원을 조회해서 한마디로 북한에 충실할 놈이냐, 빨갱이 집이냐 아니냐, 가족 경력을 쭉(확인)해내는 게 신원조회인데 북한에서는 신원조회 하다가 아버지 엄마 이혼했으면 그저 제외에요. 권리가 개선이 안 되지요. 여성의 권리나 남성의 권리나 하등 도움이 안 되는 거고, 여성의 권리를 속박시키는(거예요)."[43]

북한인권정보센터가 자문을 진행한 또 다른 북한 여성권 연구가는 경제력의 획득이 가정 내 주도권의 획득으로 직결된다는 것은 안일한 발상이라고 덧붙였다. 실질적 가장의 역할이 여성에게 전이된 현상이 가정 내 여성의 발언권을 높였다는 사실은 부정할 수 없으나, 전통적으로 북한 여성에게 부과된 봉건사회적 책임성은 여전히 유지되고 있다는 것이다. 전문가는 북한 여성이 경제적 책임과 더불어 봉건사회적 가정의 형태에서 주어지는 가사 전반의 책임을 모두 지게 되는 '이중고 현상'에 노출되고 있음을 지적했다. 그러므로 여성의 경제력 획득과 여성의 권리 향상이 정비례적 관계에 있다고 보는 것은 과한 해석이라고 설명 했다. 이러한 지적은 가정 내 만연한 여성 차별적 현상에서도 드러났다. 북한이탈주민 조사자 65% 이상이 2019년 이후에도 북한 기혼여성의 절반 이상이 가정폭력에 노출되고 있다고 응답했다. 이들의 증언에 의하면 북한 여성들에게 경제력 획득은 자립이 아닌 또 다른 속박으로 자리매김했다. 전통 봉건사회 내 주도권을 쥐고 있었던 북한 남성들의 불만은 북한 여성들에게로 돌아갔으며 가정 내 뒤바뀐 역학관계는 되레 가정폭력의 만연화로 이어졌다. 이러한 가정폭력 현상 내에서 북한 여성들을 위한 사회적 안전망은 확보되지 않았다는 것이 조사자들의 증언이다. 북한 여성은 경제구조를 제외하고는 여전히 봉건주의적 사상이 팽배한 북한 사회에서 이혼한 가정이라는 꼬리표를 자신의 자녀에게 물려줄 수 없다는 압박에 섣불리 이혼을 택할 수 없으며 이혼 시 무급 국가 노동의 현장에 보내질 수밖에 없는 북한의 노동 구조는 북한 여성들을 폭력적 가정 상황에 무방비 하

---

43 UPR02_남_2022_평양시

게 노출시켰다.

 이처럼 북한 내 흔한 가정 폭력이 확인되었음에도 불구하고, 북한 사회는 이들을 위한 안전망 확보에 미진한 것으로 보인다. 북한은 제 3차 UPR 회기에서 "여성에 대한 폭력을 없애기 위한 조치를 실시하라"는 권고안을 받아들였다(126.34). 뿐만 아니라, 북한 당국은 자발적 국가검토보고서(VNR)에서 "북한에서 정신적, 물리적 폭력은 사회적인 문제가 아니며, 인민이 모든 것의 주인이고 모든 것이 인민을 위해 봉사하는 곳"이라고 주장했다.[44] 가정폭력과 관련하여 북한 당국의 이러한 방어적 태도는 2023년 장애인권리위원회에 대한 북한의 쟁점목록(List of issues)응답에서도 반복되었고, "여성과 소녀들에 대한 폭력, 학대, 착취는 사회적 문제가 아니며 이에 대해 생각할 수 없다."고 밝히기도 했다.[45] 공식적으로 북한은 가정 폭력에 대한 강도높은 제재를 표명하고 있으며, 2019년 사회주의 헌법 개정에서 남녀평등의 권리를 보호하고 여성에 대한 모든 형태의 폭력을 금지한 바 있다. 북한의 국영 매체는 가정의 화합을 장려하고 가정폭력을 비판하는 캠페인을 일관되게 방영하고 있다. 더불어 관련 매체를 통해 북한 당국은 여성과 아동의 권익을 보호하고 가족에게 유해한 후진적 관습과 관행을 근절하기 위한 노력을 강조하기도 했다.[46] 그러나 이러한 조치의 실질적인 시행 여부는 명확하지 않다. 북한의 가정 폭력에 대처하는 당국의 사법체계는 불투명하며, 이를 다루는 구체적인 법률은 대중에게 공개되어 있지 않다. 이러한 불투명성은 피해자들을 위한 법적 구제 조치에 대한 실효성에 의문을 남긴다. 뿐만 아니라 북한 사회에 깊게 뿌리내린 봉건사회적 가부장제 규범은 가정 폭력 근절 노력에 장애물로 자리할 가능성이 높다. 북한의 가족 간 단합과 권위자에 대한 복

---

44 Voluntary National Review, p 24.
45 Replies to the List of issues forwarded by the Committee on the Rights of Persons with Disabilities.
46 "Our Law Protects Happiness of All Families," 『로동신문』, 2023.03.20.

종을 강조하는 문화는 피해자들로 하여금 가정 내 학대에 대한 신고조치를 저어하게 만들 수 있다. 덧붙여 농촌 지역의 제한된 정보 접근성은 피해자들에게 더욱 제한된 선택지만을 제시한다.

조사대상자들 또한 북한 당국이 표명한 조치가 실효성이 없는 미봉책에 불과하다고 답했다. 2019년 이후 가정폭력 사건에서 여성을 보호하기 위해 당국 차원의 조치가 있었냐는 질문에 90%의 조사대상자들은 아니라고 답했다. 또한 가정폭력 사건 중 국가 기관의 개입이 이루어지는 경우는 군중이 몰려들 정도의 소란이 발생하는 아주 소수의 사례에 불과하며, 이러한 소수의 사례에 대해서도 사건이 발생한 순간에 중재 이외에는 국가 차원의 지원은 전무하다고 증언하였다. 북한의 세 번째 보편적 정례검토 동안, 북한 당국은 여성의 인권을 제고하고 "여성 폭력에 대한 적절한 법적 조치와 피해자를 위한 보호 조치를 만들라"는 권고안을 수용했다. 그러나 권고안의 수용 이후에도, 당국 차원에서 가정폭력 사건의 가해자에 대한 처벌이나 피해자에 대한 지원은 이행되지 않은 것으로 보인다.

북한 내 가정폭력에 대한 국가 차원의 지원이 미진한 가운데 북한 여성에 대한 성희롱, 착취 및 폭력 또한 검토 기간 동안 지속되었던 것으로 나타났다. 공식적으로 북한 당국은 수사적 표현을 통해 남녀평등에 대한 낙관적 이미지를 제시했다. 북한 헌법은 남녀 모두에 대한 평등한 권리를 지지하고 국가 매체는 꾸준하 여성들의 업적을 강조하며 직장을 포함한 다양한 분야에서 여성의 성과를 소개했다. 그러나 북한은 직장에서의 성 차별 인식과 대응에 있어서는 침묵을 유지하고 있다. 2023년에 유엔인권이사회에 제출된 보고서에서 북한인권특별보고관은 "북한에서 여성에 대한 성폭력, 가정 폭력 및 성폭력의 만연함에 관한 정보의 부족"을 강조했다.[47]

---

[47] UN Human Rights Council, "Report of the Special Rapporteur on the situation of human rights in the Democratic People's Republic of Korea, Elizabeth Salmón," 2023.03.09.

북한은 공식 보고서를 통해 전문적인 환경에서 성 차별은 거의 없거나 전혀 없다고 밝히고 있다.[48] 이는 북한이탈주민들이 제공한 이야기와는 명백히 상반된다. 또한 유엔과 협업 경험이 있거나 북한에 대해 전문성을 갖춘 전문가들은 검토 기간 동안 북한 당국이 전략적으로 성 평등과 관련된 용어를 제거하려 했다고 언급하였다. 이러한 조치는 북한이 성 관련 문제에 대한 대응이 실효적이지 않을 뿐만 아니라, 해당 영역에서의 진전을 위한 노력 또한 미비하다는 것을 나타낸다.

2019년 이후 직장 내 성 차별이 발생했을 시, 당국 차원의 처벌 여부를 물었을 때 조사대상자들의 75%는 아니라고 답했다. 특히, 그러한 성 인식에 의한 진급 차별에 대해 조사대상자들이 설명한 바는 북한 사회 내 만연하게 퍼져 있는 성 차별적 인식을 보다 명백히 드러냈다. 조사기간 동안 북한 사회 내에서 여성의 사회적 성공에는 성상납 혹은 권력 계급과의 성관계가 수반된다는 인식이 여전하다는 것이 확인되었다.

"진급을 막는 경우가 뭐냐 하면 거의 그거예요. 성관계. 북한은 간부들이 그거(성관계)를 통해서 진급을 시키거든.(관계를 안 하면) 직업 생명, 그 인생 끝나는 거예요. 성관계 강요가 들어와서 신고를 해도 증거가 없잖아요. 신소를 하는 건 진짜 1,000명 중에 한 명이야. 해결되는 건 못 봤어요. 그냥 자기 화풀이용이죠. 근데 여자들이 대부분 다 수락을 하거든요. 진급하기 위해서 99.99999%, 안 하면 기회를 놓치고 자기 인생이 좀 힘들어질 거니까, 자기가 원하는 걸 이룩하지 못하게 됐으니까… 좀 참담합니다."[49]

"여자가 그만한 직책에 올라간다는 정도면 무조건 불륜이 기어들어가거든요. 그러

---

48 "Fulfilling life of Korean women," 『Pyongyang Times』, 2023.03.08.
49 UPR03_남_2019_자강도

니까 남편이 그걸 감수하냐? 감수 못 하느냐? 그렇게 되면 또 여자들 같은 경우는 자기 남편을 남편으로 생각하지 않아요. 이혼하면 자기한테 피해가 가니까 그냥 집에다 두고 그냥 그렇게 사는 거예요. 남편이 그걸 감수하겠는가 그게 문제죠. 그래서 그런 걸 저는 선호 안 합니다. 여자들이 한다면, 싱글들이나 하라. 이거는 진짜 우리 사회에서 용납할 수 없는 문제다 나는 이렇게 생각하고 있어요."[50]

북한 여성이 마주하는 현실은 북한 사회 내 성 차별에 국한되지 않는다. 생계 유지와 생활고에 지친 북한 여성들은 인신매매의 위험에 노출되고 있다. 이와 관련하여 북한 당국은 북한의 세 번째 정례검토 기간 동안 "인신매매, 특히 여성 및 아동 매매를 근절하는 정책을 채택하라"는 권고안을 수용하였다. 그러나 인신매매에 대한 북한 당국의 해석은 팔레르모 의정서(Palermo Protocol)및 기타 국제표준과는 상이하다. 북한의 인신매매 실태와 관련하여 북한은 대한민국에 정착한 약 삼만 명이 넘는 북한이탈주민의 수를 명목으로 인신매매의 주된 원인을 한국 정부로 몰아갔다. 탈북을 악의적으로 조장하고 그 수단으로 행해지는 것이 인신매매라는 것이다. 그러나 실질적으로 북한에서 발생하는 인신매매는 가장의 무게를 견디지 못하고 생활고에 지친 북한 여성들이 생계를 위해 북한 밖으로 나오는 것으로 시작된다. 북한 여성에게 가장 흔하게 노출되는 인신매매는 중국 국경에서 브로커에 의해 중국 남성과 결혼을 강요받거나, 성 매춘에 종사하길 강요받는 방식으로 발생한다. 그러나 이러한 간극에 대하여, 북한인권정보센터는 본 조사 기간 동안 북한 당국의 인신매매를 바라보는 왜곡된 관념이 일반 북한 주민들에게도 전파될 수밖에 없다는 것을 확인했다. 2019년 이후 북한 당국에 의한 인신매매 예방 교육 실시 여부에 대한 질문에 65%의 조사대상자는 모르거나

---

50 UPR15_남_2019_평안남도

아니라고 답하였고, 예방 교육이 실시되고 있다고 답한 35% 역시 구체적 내용을 질문하자 북한 당국이 표명하는 '인신매매'의 관념을 그대로 증언하였다. 이는 북한 당국의 피해자에 대한 구제보상 정책에 대한 질문과도 이어졌는데, 조사대상자의 95%가 구제보상 정책을 모르거나 없다고 답하였다. 해당 증언들은 북한 당국에 의해 왜곡된 '인신매매'에 대한 해석이 인신매매 피해자에 대한 관점 역시 왜곡시키며, 북한 사회 전반에서 인신매매 피해자를 인정하지 않는 인식으로 이어졌다고 볼 수 있다.

"인신매매하면 법적으로 어떤 처벌을 받는다 하죠. 인민반회 할 때도 그런 얘기는 해요. 요즘 부쩍 많이 도망친다고 하거든요. 중국에 도망치는 사람들이 좀 늘었는데, 만약에 가다가 잡히면 중국행보다 한국행을 좀 더 엄하게 처벌하거든요. 근데 또 최근에는 중국행도 처벌을 심하게 해요. 왜냐하면, 중국 가야 한국을 갈 수 있잖아요. '가다가 걸리면 3대 멸족시킨다, 가족 죽인다' 이러거든요. 법이 점점 세지고 있다, 이번엔 더 세졌다 이러면서 이번에 가다가 만약 잡히면 진짜 가만히 안 둘 거다 협박하죠. 우리 집 같은 경우에는 언니가 먼저 갔었거든요. 그리고 제가 몇 년 있다가 왔는데 그런 얘기할 때보다 저처럼 이미 중국에 가족 중 한 명씩 가 있는 가족들을 겨냥하고 얘기를 하는 거죠. '도망치다가 만약 잡히면 죽는다' 이런 식으로."[51]

"인신매매라는 게 북한에선 탈북을 엄청 크게 보잖아요. 특히 최근 들어서 그런데 인신매매를 사람을 팔아서 동네 누구한테 파는게 아니고 무조건 중국에 보내는 거를 인신매매라고 하거든요. 그래서 저기서 말하는 인신매매가 여기서 보면 탈북 브로커예요, 결국은. 그래서 유도안내자 하고 인신매매로 두 종류를 보는데, 인신매매라는 사람

---

51 UPR08_여_2019_양강도

은 내가 중국에 가고 싶어하는 사람들 이렇게 섭외를 해 가지고 있잖아요, 내가 여기서 빠져나가고 싶은 사람들. 길 가는 거 잡아서 넘기는 거 사실 잘 없어요. 내가 가고 싶다고 하니 본인한테 중국에 돈 받고 파는 거예요."[52]

종합적으로, 북한인권정보센터가 조사한 조사대상자들은 2019년 이후 북한 여성의 권리 제고에 대하여 대부분 회의적인 의견을 보였다. 북한의 세 번째 정례 검토 기간 동안 북한 당국이 약속하고, 이후 다양한 보고서와 매체를 통해 표방한 내용과 실제 북한 사회 내부 여성의 삶에는 큰 괴리가 있다는 것이 증언자의 성별과 관계없이 모든 증언을 통해 드러났다. 남녀평등을 북한 사회 내부에 정착시키기 위하여 실시한 국가 차원의 정책에 대해 유일한 긍정적 답변은 '부녀자의 날' 이라고 불리는 3.8절의 존재였다. 일 년에 하루, 여성들이 한데 모여 소풍을 떠난다는 기념일의 존재가 2019년 이후에도 북한 사회에서는 남녀평등의 상징인 것이다. 이는 전통적으로 존재해 온 상징성 이외에 북한 당국이 국가차원에서 여성권의 제고와 성평등 이행을 위한 노력을 하지 않았다는 것에 대한 반증이기도 하다.

"남녀평등권이라는 게 3.8절(부녀절)이란 걸 만들어 놨어요. 그런데 오래동안 이어 오면서 남녀평등이 안 되어 있었거든요. 그러다 고난의 행군이 지나가면서 오히려 여자가 먹여살려서 살림이 되었잖아요. 그러니까 바뀌어지기도 시작했어요. 그래서 지금 현재는 국가가 지정해서 달라진 게 아니고 살면서 보니까 내가 남자에 의존하는 게 아니고 여자가 살게 되었잖아요."[53]

---

52 UPR19_여_2019_양강도
53 UPR17_여_2019_평안남도

II. 소수자의 인권

2. 아동권

• 수용된 권고안

126.33   아동의 무력충돌 참여에 관한 아동권리협약 선택의정서를 비준한다.(토고)

126.46   아동권리위원회와 여성 차별철폐위원회 권고를 이행하는 데 필요한 조치를 취한다.(우루과이)

126.62   아동권리보장법 이행 과정에서 유엔아동기금 및 기타 국제기구에 기술 협력과 역량 개발 지원을 요청할 것을 고려한다.(불가리아)

126.63   보건, 교육, 영양 및 식량 안보 분야에서 국제기구와 협력을 유지한다.(이란)

126.64   보건, 교육, 영양 및 식량 안보를 다루는 국제기구와 협력을 유지한다. (쿠웨이트)

126.65   보건, 교육, 영양 및 식량 안보 분야에서 국제기구와 협력을 유지한다. (미얀마)

126.66   보건, 교육, 영양 및 식량 안보 분야에서 국제기구와의 협력을 유지한다. (파키스탄)

126.71   기술 및 직업 교육과 훈련의 질을 개선하도록 국제 교류를 도모한다. (미얀마)

126.72   장애인의 권리에 관한 협약과 아동의 매매·성매매 및 아동 음란물에 관한 아동권리협약 선택의정서를 이행하도록, 그 원칙과 요건을 관련 국내법에 반영한다.(투르크메니스탄)

126.77   장애인의 권리에 관한 협약과 아동의 매매·성매매 및 아동 음란물에

관한 아동권리협약 선택의정서를 완전히 이행할 수 있도록 그 원칙과 요건을 관련 국내법에 반영한다.(시리아)

126.82   사회 취약 계층 인권 증진과 보호 노력을 강화한다.(나이지리아)

126.85   장애인의 권리에 관한 협약과 아동의 매매·성매매 및 아동 음란물에 관한 아동권리협약 선택의정서를 효과적으로 확실히 이행하도록 조치를 취한다.(베트남)

126.91   국가 경제 발전, 보건 부문 발전 및 교육 발전을 위한 전략을 효과적으로 이행하여 전국민 생활 수준이 개선될 수 있도록 한다.(쿠바)

126.93   국가교육발전전략(2015-2032) 이행 노력을 지속한다.(콩고민주공화국)

126.102   경제 및 사회 발전 계획 하에 조치를 마련 및 유지하여 특히 아동, 여성, 노인 및 장애인을 포함하여 국민의 안녕을 보장한다.(쿠바)

126.104   여성, 아동, 장애인 및 노인을 식량, 보건, 교육 접근성 및 기타 권리를 확대 보장하도록 반차별 관련 사법 틀 강화 조치를 취한다.(인도네시아)

126.106   여성, 아동, 장애인 및 노인을 포함하여 취약 계층 인권을 보호하는 프로그램을 강화한다.(필리핀)

126.107   여성, 아동, 장애인, 노인의 안녕을 도모하도록 조치를 마련하고 확대한다.(짐바브웨)

126.112   기후변화와 기후변화가 생활에 미치는 영향을 관리하는 총체적인 전략을 마련하는 데 여성, 아동, 장애인, 토착민 및 기타 소외된 지역사회를 포용하고 이들이 참여할 수 있도록 한다.(피지)

126.134   인신매매, 특히 여성 및 아동 매매를 근절하는 정책 채택을 고려한다. (필리핀)

126.150   교육 및 보건 접근을 막는 장벽을 제거하고 국민 모두에게 실질적으로 무상 교육 및 보건 서비스를 제공한다.(아프가니스탄)

126.151 전국적으로 식량, 보건, 교육 및 적절한 주거 접근성을 확대한다.(불가리아)

126.152 교육 및 보건을 발전시키고, 국민의 교육권과 보건권을 더욱 잘 보장할 수 있도록 노력을 지속한다.(중국)

126.155 모두를 위하여 기본적인 서비스 가용성과 접근성을 보장하고, 여성 아동 및 장애인이 권리를 향유할 수 있도록 강화된 조치를 취한다.(네팔)

126.156 자국민, 특히 가장 도움을 필요로 하는 이들에게 교육, 식량, 보건 접근을 계속해서 보장한다.(베네수엘라)

126.164 국내 신생아 사망률과 영양실조 비율을 더욱 줄여나가도록 유의미한 조치를 강화한다.(쿠바)

126.168 교육을 지속적으로 발전시키고, 전국민이 전 교육 과정의 혜택을 받을 수 있도록 한다.(이집트)

126.169 교육권 증진 조치를 강화한다.(니카라과)

126.170 지방 학교 교육 및 환경 개선 노력을 강화하여, 국민이 교육권을 향유할 수 있도록 한다.(파키스탄)

126.171 학교 인프라에 자원을 더 할당하고, 전국에 이를 동등하게 맞춰 교육 제도 품질을 개선하도록 노력한다.(세르비아)

126.174 여성권 및 아동권 증진과 보호에 있어 부족한 부분을 해결하도록 조치를 강화한다.(부탄)

126.178 아동 대상 폭력을 막고 여성 역량을 강화하여 여성이 국가 기관에 주요 직책을 맡을 수 있도록 노력을 지속한다.(이집트)

126.187 아동을 대상으로 한 모든 형태의 폭력을 방지하고 퇴치할 수 있도록 포괄적인 전략을 마련하며, 특히 근본 원인을 해결하도록 한다.(알제리)

126.174 여성권 및 아동권 증진과 보호에 있어 부족한 부분을 해결하도록 조치를 강화한다.(부탄)

126.178 아동 대상 폭력을 막고 여성 역량을 강화하여 여성이 국가 기관에 주요 직책을 맡을 수 있도록 노력을 지속한다.(이집트)

126.187 아동을 대상으로 한 모든 형태의 폭력을 방지하고 퇴치할 수 있도록 포괄적인 전략을 마련하며, 특히 근본 원인을 해결하도록 한다.(알제리)

126.188 사회 및 경제적 박탈과 불평등, 아동 영양실조 및 아동 노동 등을 포함하여 영아 및 아동 사망 근본 원인을 해결하도록 구체적인 조치를 취한다.(브라질)

126.190 가정 및 교육 기관을 포함하여 어떤 상황에서도 체벌을 금지하며, 체벌 금지 준수 여부를 살핀다.(이스라엘)

126.191 아동권리보장법을 개정하여 18세 미만 아동 모두가 적용받도록 한다. (몰디브)

126.192 아동 보호 국내법을 검토하여 18세 미만 아동 모두에게 법이 적용되도록 하며 결혼 가능 최저 연령을 18세로 상향 조정한다.(나미비아)

126.193 장애 아동을 특수 시설이나 특수반에 우선 배정하지 않고, 장애 아동을 포용하는 교육을 마련하도록 적절한 조치를 취한다.(불가리아)

126.33 아동의 무력충돌 참여에 관한 아동권리협약 선택의정서를 비준한다.(토고)

126.46 아동권리위원회와 여성 차별철폐위원회 권고를 이행하는 데 필요한 조치를 취한다.(우루과이)

126.62 아동권리보장법 이행 과정에서 유엔아동기금 및 기타 국제기구에 기술 협력과 역량 개발 지원을 요청할 것을 고려한다.(불가리아)

126.63 보건, 교육, 영양 및 식량 안보 분야에서 국제기구와 협력을 유지한다.(이란)

126.64 보건, 교육, 영양 및 식량 안보를 다루는 국제기구와 협력을 유지한다. (쿠웨이트)

126.65 보건, 교육, 영양 및 식량 안보 분야에서 국제기구와 협력을 유지한다. (미얀마)

126.66   보건, 교육, 영양 및 식량 안보 분야에서 국제기구와의 협력을 유지한다.
(파키스탄)

126.71   기술 및 직업 교육과 훈련의 질을 개선하도록 국제 교류를 도모한다.
(미얀마)

126.72   장애인의 권리에 관한 협약과 아동의 매매·성매매 및 아동 음란물에 관한 아동권리협약 선택의정서를 이행하도록, 그 원칙과 요건을 관련 국내법에 반영한다.(투르크메니스탄)

126.77   장애인의 권리에 관한 협약과 아동의 매매·성매매 및 아동 음란물에 관한 아동권리협약 선택의정서를 완전히 이행할 수 있도록 그 원칙과 요건을 관련 국내법에 반영한다.(시리아)

126.82   사회 취약 계층 인권 증진과 보호 노력을 강화한다.(나이지리아)

126.85   장애인의 권리에 관한 협약과 아동의 매매·성매매 및 아동 음란물에 관한 아동권리협약 선택의정서를 효과적으로 확실히 이행하도록 조치를 취한다.(베트남)

126.91   국가 경제 발전, 보건 부문 발전 및 교육 발전을 위한 전략을 효과적으로 이행하여 전국민 생활 수준이 개선될 수 있도록 한다.(쿠바)

126.93   국가교육발전전략(2015-2032) 이행 노력을 지속한다.(콩고민주공화국)

126.102   경제 및 사회 발전 계획 하에 조치를 마련 및 유지하여 특히 아동, 여성, 노인 및 장애인을 포함하여 국민의 안녕을 보장한다.(쿠바)

126.104   여성, 아동, 장애인 및 노인을 식량, 보건, 교육 접근성 및 기타 권리를 확대 보장하도록 반차별 관련 사법 틀 강화 조치를 취한다.(인도네시아)

126.106   여성, 아동, 장애인 및 노인을 포함하여 취약 계층 인권을 보호하는 프로그램을 강화한다.(필리핀)

126.107   여성, 아동, 장애인, 노인의 안녕을 도모하도록 조치를 마련하고 확대

한다.(짐바브웨)

126.112 기후변화와 기후변화가 생활에 미치는 영향을 관리하는 총체적인 전략을 마련하는 데 여성, 아동, 장애인, 토착민 및 기타 소외된 지역사회를 포용하고 이들이 참여할 수 있도록 한다.(피지)

126.134 인신매매, 특히 여성 및 아동 매매를 근절하는 정책 채택을 고려한다. (필리핀)

126.150 교육 및 보건 접근을 막는 장벽을 제거하고 국민 모두에게 실질적으로 무상 교육 및 보건 서비스를 제공한다.(아프가니스탄)

126.151 전국적으로 식량, 보건, 교육 및 적절한 주거 접근성을 확대한다. (불가리아)

126.152 교육 및 보건을 발전시키고, 국민의 교육권과 보건권을 더욱 잘 보장할 수 있도록 노력을 지속한다.(중국)

126.155 모두를 위하여 기본적인 서비스 가용성과 접근성을 보장하고, 여성 아동 및 장애인이 권리를 향유할 수 있도록 강화된 조치를 취한다.(네팔)

126.156 자국민, 특히 가장 도움을 필요하는 이들에게 교육, 식량, 보건 접근을 계속해서 보장한다.(베네수엘라)

126.164 국내 신생아 사망률과 영양실조 비율을 더욱 줄여나가도록 유의미한 조치를 강화한다.(쿠바)

126.168 교육을 지속적으로 발전시키고, 전국민이 전 교육 과정의 혜택을 받을 수 있도록 한다.(이집트)

126.169 교육권 증진 조치를 강화한다.(니카라과)

126.170 지방 학교 교육 및 환경 개선 노력을 강화하여, 국민이 교육권을 향유할 수 있도록 한다.(파키스탄)

126.171 학교 인프라에 자원을 더 할당하고, 전국에 이를 동등하게 맞춰 교육

제도 품질을 개선하도록 노력한다.(세르비아)

126.174 여성권 및 아동권 증진과 보호에 있어 부족한 부분을 해결하도록 조치를 강화한다.(부탄)

126.178 아동 대상 폭력을 막고 여성 역량을 강화하여 여성이 국가 기관에 주요 직책을 맡을 수 있도록 노력을 지속한다.(이집트)

126.187 아동을 대상으로 한 모든 형태의 폭력을 방지하고 퇴치할 수 있도록 포괄적인 전략을 마련하며, 특히 근본 원인을 해결하도록 한다.(알제리)

126.174 여성권 및 아동권 증진과 보호에 있어 부족한 부분을 해결하도록 조치를 강화한다.(부탄)

126.178 아동 대상 폭력을 막고 여성 역량을 강화하여 여성이 국가 기관에 주요 직책을 맡을 수 있도록 노력을 지속한다.(이집트)

126.187 아동을 대상으로 한 모든 형태의 폭력을 방지하고 퇴치할 수 있도록 포괄적인 전략을 마련하며, 특히 근본 원인을 해결하도록 한다.(알제리)

126.188 사회 및 경제적 박탈과 불평등, 아동 영양실조 및 아동 노동 등을 포함하여 영아 및 아동 사망 근본 원인을 해결하도록 구체적인 조치를 취한다.(브라질)

126.190 가정 및 교육 기관을 포함하여 어떤 상황에서도 체벌을 금지하며, 체벌 금지 준수 여부를 살핀다.(이스라엘)

126.191 아동권리보장법을 개정하여 18세 미만 아동 모두가 적용받도록 한다. (몰디브)

126.192 아동 보호 국내법을 검토하여 18세 미만 아동 모두에게 법이 적용되도록 하며 결혼 가능 최저 연령을 18세로 상향 조정한다.(나미비아)

126.193 장애 아동을 특수 시설이나 특수반에 우선 배정하지 않고, 장애 아동을 포용하는 교육을 마련하도록 적절한 조치를 취한다.(불가리아)

북한은 공식보고서와 국영 매체를 통해 아동권을 위한 당국 차원의 노력을 구체적으로 묘사하고 있다. 북한의 공식보고서와 매체는 교육과 보건에 대한 투자부터 체계적인 방과 후 활동에 대한 북한 당국의 정책을 게재함으로써 당국이 유아 및 청소년 복지를 최우선으로 여기고 있음을 표명한다. 북한은 공식석상에서 유아 및 청소년의 복지를 주체사상을 통해서도 표현한다. 북한의 주체사상을 바탕으로 한 아동권은 자주성, 집단성, 김 부자 정권에 대한 흔들리지 않는 충성을 강조한다. 이에 기반하여 북한의 국영 매체들은 자국을 "어린이들의 천국"이라고 종종 묘사한다. [54]

북한의 세 번째 정례검토 기간 동안 북한 당국은 지난 제2차 정례검토 시기와 마찬가지로 아동의 권리와 관련된 권고안을 다수 수용했다. 이번 회기에 북한 당국은 아동권과 관련된 약 41개의 권고안을 수용했는데, 권고안에는 각각 "아동의 권리 보호 및 증진," "아동 노동 및 체벌금지 조치," "보호인이 없는 아동의 보호," 및 "아동의 교육권 증진" 등이 포함되었다. 북한 당국은 이러한 아동권 개선 및 증진에 대한 의지를 본 검토기간 이전부터 지속적으로 밝혀온 바 있다. 지난 2014년 11월 10일 북한은 아동매매, 아동매춘 및 아동포르노에 대한 유엔 아동권리협약(CRC)의 선택의정서를 비준하였다. 제2차 정례검토 기간인 2016년에는 CRC에 VNR을 제출하며, 아동의 권리와 관련하여 국제적 기준에 부합하려는 노력을 보이기도 했다.

북한이 수용한 아동 관련 권고안들의 중점적인 내용은 교육과 관련된 것이었다. 북한인권정보센터가 본 검토를 위해 자문을 실시한 북한 교육권 전문가는 북한 내 교육권에 대한 연구를 통해 북한 당국의 교육에 대한 지속적인 관심 및 노력을 확인할 수 있다고 전했다. 북한 당국은 또한 국제사회에 제출한 VNR 보고

---

54 "DPRK, heaven of children," 『Pyongyang Times』, 2021.09.15.

서에서 "과학과 교육"을 우선시한다고 말한 바 있다.[55] 구체적으로 북한은 "초급중학교(중학교) 말기에 읽기와 수학부문에서 최소 숙달 기준을 달성한 아동 비율이 각각 97.5%, 83.2%, 초등학교 순 취학률 87.4%, 1년제 학교전교육 참여율 97.1%, 교육형평성 지수 1, 15세~24세 인구의 문해율은 100%에 달한다."고 밝혔다.[56] 북한의 VNR 보고서에 나와있는 데이터는 북한 당국의 교육에 대한 포괄적인 노력을 시사하며, 다양한 연령대에서의 학교 교육 참여율, 최소 숙달 기준, 문해율 등의 학습 성취도를 강조한다. 이와 같이 2019년 이후에도 지속된 북한 당국 내 높은 비중의 교육 예산 편성과 교육 및 아동 관련 법안은 국가 차원에서의 아동 교육 증진 의지를 드러낸다고 전문가는 설명했다.

다만 해당 전문가는 국제사회에서 제기되는 북한의 명시적 "무상 교육"에 대한 한계점을 또한 지적했다. 사회주의 체제 아래에서 교육은 국가와 사회가 공동으로 책임을 지는 영역에 속하며 이에 따라 발생하는 국제사회와 북한 당국이 인식하는 "무상 교육"에 대한 관점 차이를 분명히 인지해야 한다는 것이다. 일반적으로 정의하는 무상교육은 교육 시설의 제공, 교육 인력의 배치, 교육 부자재 제공 및 교육 전반에 대한 일체 비용을 국가가 전담한다. 그러나 북한 당국이 표방하는 무상교육 체제는 교육관련 발생 비용의 제반이 국가만이 아닌 사회에도 귀속된다고 설명했다. 즉, 인민이 의무 교육을 이수함에 있어 비용이 발생하더라도 이는 사회적 책임에 의해 발생되는 비용일 뿐, 국가가 공언한 무상교육의 불이행이라고 보기는 어렵다는 것이다.

이러한 관점은 북한인권정보센터가 북한이탈주민들과 진행한 조사에서도 발견되었다. 조사자 중 70%는 북한 당국이 무상교육을 표방함에도 불구하고 의무교육을 수행함에 있어 지속적으로 비용이 발생한다고 응답했다. '학교 꾸리기'

---

55 Voluntary National Review, p. 5.
56 Ibid., p. 22.

라는 명목으로 발생하는 교육 시설 보수 관련 비용이 학생들에게 부담되고 있으며 그 외에도 시멘트, 모래, 땔감은 물론 토끼 가죽 등을 분기별로 교육기관에 제공해야 한다고 증언했다. 한편 주목해야 할 부분은 북한이 표명하는 무상교육이 긍정적으로 이행되고 있다고 증언한 30%의 조사자다. 이들의 증언은 실질적 무상교육이 진행되지 않는다는 70%와 그 내용이 크게 다르지 않았다. 그럼에도 이들은 북한 당국이 무상교육을 진행하고 있다고 응답하였는데, 이는 앞서 전문가의 지적과 같이 의무교육의 일정 영역이 사회공동책임에 속하며 그에 따라 발생되는 비용은 사회 책임의 영역으로 인식하고 있었기 때문이다. 이러한 '무상교육'에 대한 인식 차이는 향후 북한에 제기되는 권고안에 '무상교육'의 정의를 공적 재정 및 국가 전담의 영역으로 보다 분명히 명시할 필요성을 시사한다.

"학교 다니는 건 무상인데 학교 내에서 생활하는 데는 돈이 필요하죠. 학교 교육 자체는 무상이에요. 학교 건설 같은 게 필요하면 학교 건설 꾸리기라고 하거든요. 학교 꾸리기 아니면 공동 활동, 어느 학교가 제일 좋고 이런 학교간 경쟁. 우리 학교가 제일 좋아야 좋은 애들이 많이 오고, 돈 많고 공부 잘하는 애들이 많이 오니까 학교의 명성 올리려고 되게 노력을 하죠. 그럼 그때 필요한 게 돈이고, 그러자면 애들을 모아서 공부시켜야 되는데 공부시키는 데 돈이 필요하잖아요. 그거를 다 개인이 하지. 이게 학교에선 못 해주니까. 공부 안 시키고 싶으면 공짜로 다니게 하고. 근데 그렇게 하면 나중에 얘네가 성공을 못 하니까 부모님들은 할 수 없이 돈을 내게 되는 거죠."[57]

"국가는 무조건 교육을 시키고 안 나오는 아이는 찾아가서 끌고 나와서라도 교육을 시켜라. 그런데 또 막상 국가가 또 돈을 모으라고 안 한단 말이에요. 대신 돈 모으라는

---

[57] UPR01_남_2022_평양시

소리를 '발전하면 현실에 맞게 학교 교육도 현대화해야 된다.'[58]

"학교에서 공식적인 등록금 내라는 건 없죠. 근데 이 외에 다른 '꾸리기 계획'이라는 것도 있고 다른 걸 자꾸 하면서 그런 것들이 돈으로 받아내는 경우들이 많으니까. 그래서 무상교육이라고 말하기가 좀 애매한 거죠."[59]

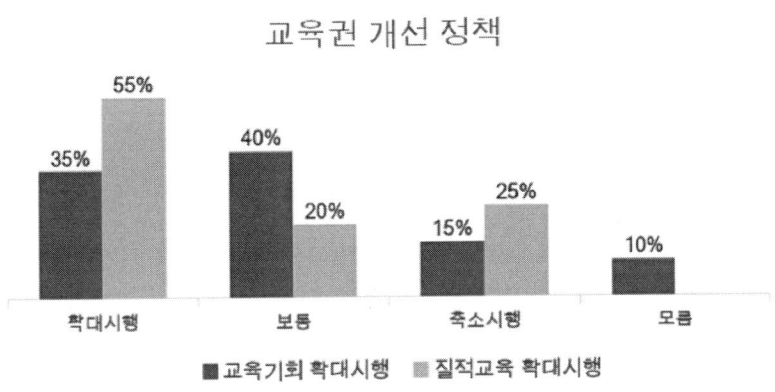

북한인권정보센터는 2019년 이후 북한 당국이 실질적으로 아동의 교육을 증진시키기 위한 정책을 전개했는지 확인하기 위하여 균등한 교육기회 확대와 교육의 질적 향상 두 가지로 구분하여 관련 정책이 확대 시행되었는지 여부를 조사하였다. 조사자 중 35%는 균등한 교육을 위한 정책이 확대되었다고 답하였으나, 그 외 65%는 2019년 이전과 차이가 없거나 모른다 혹은 되레 축소되었다고 응답했다. 이는 앞서 언급된 무상교육의 실질적 시행에 있어 개인의 비용 부담이 발생하는 현상과도 연결된다. 북한 내에서는 교육과정 수행에 개인의 경제력이 차지하는 영향이 크기 때문에, 경제적 조건을 충족하지 못하는 가정의 학생들은

---

58 UPR02_남_2022_평양시
59 UPR09_남_2019_황해북도

올바른 교육을 제공받는데 실패하는 결과로 이어졌다. 이러한 차이는 북한의 경제구조가 주요 도시에 편중되어 있다는 점에서 특히 지역별로 편차가 크게 나타나는 경향을 보였다.

북한은 VNR 보고서에서 전국적인 교육환경 증진사업에 대하여 강조했다. 보고서에 따르면, 북한의 교육 내용은 실용적이고 포괄적일 뿐만 아니라 최신화 되었으며, 약 200개의 종합대학과 단과대학의 교실과 다기능 실험실이 만들어졌다고 전한다. 특히 북한 당국은 평양교원대학은 재건을 거쳐 우수한 교원양성 기관이 되었다고 밝히고 있다. [60]

북한은 VNR 보고서를 통해 현재 북한 사회에 만연한 교육 관련 문제상황에 대하여 가감없이 인정하기도 하였다. 북한이 인정한 당국의 교육 문제 중 가장 두드러지는 점은 중등교육에서의 도시와 시골 간 교육 격차였다.[61] 2023년 6월 노동신문은 노동당 교육위원회가 시골에 위치한 학교를 돕기 위해 노력하고 있다고 보도했으며, 북한 산악지역에 있는 분교를 돕기 위해 교육상담원이 파견되어 있다고 밝혔다. [62]

그러나 북한인권정보센터는 당국의 주장과 달리 북한 내 실질적인 도시와 시골 지역 간의 교육 기회 격차는 개선되지 않았음을 확인했다. 도시지역과 시골지역에 사는 아동의 교육과 삶의 질은 여전히 그 격차가 컸으며 도시 외곽 지역에 거주하는 아동의 경우 개별 가정의 경제력이 뒷받침되지 않아 교육의 부담이 크고 국가 농업활동에 잦게 동원되는 등의 이유로 학교 출석 수준이 낮다는 증언이 수집되었다.

---

60 Voluntary National Review, p. 22
61 "Efforts to Enhance Education Level of Rural Schools," 『로동신문』, 2023.06.07.
62 "Academic Advisors Dispatched to Branch Schools in Remote Mountains Areas," 『로동신문』, 2023.03.08.

"오전에 수업하고 오후에는 동원 가는데, 오후에 동원을 단체로 빠지고 일부러 돈 모으고… 아무튼 돈은 되게 자주 써요, 특히 고등학교는. 안 가져오면 애들 앞에서 망신 주고 그런 거 있잖아요. 그러니까 얘네는 집에 가서 또 엄마한테(돈 달라고) 해보겠죠. 그래서 무조건 어떻게 하나 내죠. 그게 내는 게 너무 부담스럽다 이러면 학교를 안 나오고. […] 학교 처음에는 하루 이틀 안 나오다가 나중에는 그냥 안 나오고… 제일 많은 건 생계 때문이고요. 그 다음에 저 같은 경우에는 학교에서 너무 동원 나오라고 하니까 한두 번 하다 너무 지쳐 가지고 일하기 싫어서 학교 안 나오고 이랬었거든요."63

"돈 낼 수 없으면 일단 학교를 안 다닐 확률이 높고, 학교 가서도 돈을 못 냈잖아요. 그러다 보니까 선생님이 계속 뭐라고 하시다 보니까요. 또 친구들 사이에서도 '쟤는 맨날 돈을 못 내서 저런다' 그런 인식이 생기고 하다 보니까, 위축이 많이 되는 거 같아요."64

반면, 2019년 이후 교육의 질적 향상을 여부와 관련된 질문에 대해서는 조사자 다수가 긍정적인 입장을 보였다. 55%의 조사자가 정부에 의한 교육의 질적 향상 정책이 확대 시행되었다고 응답했다. 교육과정이 개편됨에 따라 교육 부자재 역시 아동의 눈높이에 맞게 시각적 요소를 활용하는 등의 다양한 시도를 하고 있는 것으로 드러났다. 조사자들은 2019년 이후 디지털 교육에 대한 중요성이 증대됨에 따라 관련 교육과정을 확대 편성하고 이를 위한 추가 교육을 아동에게 제공하였다고 증언했다. 특히 2020년 코로나-19 팬데믹으로 인해 학교 교육이 중단되었을 때에는 교육인력이 각 가정에 방문 수업을 하거나 USB 등 디지털 기기를 활용하여 원격 교육을 적극적으로 시행하는 등 아동 교육의 질적 향상을 위한 북한 당국 차원의 정책적 노력이 지속되었던 것으로 보인다.

---

63 UPR08_여_2019_양강도
64 UPR13_여_2019_양강도

그러나 이러한 질적 환경의 구축이 공적 재정에 기반한 개선이었다고 보기는 어렵다. '교육의 현대화'라는 국가 차원의 정책을 수행하기 위한 재원은 개별 가정에게 요구되는 경우가 잦았으며, 경제적 상황이 좋지 않은 지역의 경우 이러한 디지털 기기 등을 활용한 교육은 실질적으로 이행되지 못했다. 즉, 균등한 교육 기회와 마찬가지로 교육의 질적 향상 역시 개별 가정의 경제력의 영향이 큰 탓에 실질적인 질적 향상의 혜택은 경제적으로 유복한 소수의 아동에게 국한되었다.

"그 전 교과서에는 그림이 없었어요. 있는데, 재미가 없었어요. 근데 이거를 되게… 외국 교과서들 보면 이것저것 되게 예쁘게 잘 되어 있잖아요. 그렇게 만든 거예요. 영어 교과서만 그렇게 되어 있었는데. 물리, 화학 다 바뀌었어요. 공부할 때 지루하지도 않고 되게 아기자기하죠. 근데 나는 이제 이걸로 공부를 했으니까. '이걸 보면 공부가 돼?' 하거든요. 근데 애들 입장에서는 이게 더 좋대요. 머리에 잘 들어오고 연상이라고 하나? 이렇게 뭔가를 기억해야 될 때 옆에 있던 그림들 같은 게 생각나서 애들이 좋아하더라고요."[65]

"한 번 더 좋아지고요, 교과서. 12년제다 보니까 더 좋아지고. 그리고 이 USB로 학습 내용을 해서 보더라고요. 코로나 때는 그 수업을 정지해가지고, 선생님이(집집마다) 돌아다니는데 그것도 어렵잖아요. 선생님들이 매 집마다 방문해서 그러는 게, USB로 해서 TV로 보게 돼 있더라고요."[66]

"(교육의 질 높이려고) 엄청 하긴 하더라고요. 근데 정부에서 하는 게 아니고요. 제가 있을 때 한참 원격 강의라고 하나? 저는 그때 졸업을 했으니까요. 근데 학교 하나를 이렇게 그냥 모체로 해서 본보기로 삼는 거예요. 그래서 학교에 컴퓨터 다 들여가고 애

---

[65] UPR01_남_2022_평양시
[66] UPR10_남_2021_강원도

들이 이렇게 원격 강의를 한다. 그런데 그거에 대해서 정부가 지원하는 게 아니고 학부모들한테 돈을 다 지불하게 해서, 개인 부담을 시켜서 그걸 하더라고요. 그렇게 해 놓고, 다들 이렇게 하라 하니까… 그 학교는 되게 시내 딱 중심에 있는, 번화가에 있는 학교면 거기에 사는 애들 학부형들 다 잘 살거든요. 경제적으로 어려움이 없으니까 하는데, 조금 이렇게 치우쳐 있고, 사는 게 어려운 부모들도 있을 수 있잖아요. 그런데도 무조건 하라고 부담을 시키니까 되게 힘들어서, 옆에 다른 학교들은 그냥 모니터이긴 한데 고장 난 모니터를 가져다 걸어 두고 그냥 형식 있잖아요."[67]

북한인권정보센터의 조사 기간 동안 아동의 교육과 관련하여 교육 과정 내 노동 동원이 지속적으로 확인되었다. 취학 아동을 농촌의 의무적 노동이나 원자재 수집, 건설 노동 등에 동원하는 북한의 아동 동원 노동은 검토 기간 이전부터 지속되었던 북한 교육 체계 내 고질적 문제이다. 한편 북한은 "아동 노동을 해결하기 위한 구체적인 조치를 채택할 것"을 요구하는 권고안을 수용했다(126.188). 그러면서도 북한 국영 매체인 조선중앙통신에서는 2021년에 수백 명의 어린이가 "청춘의 젊음과 용기를 지닌" 상태에서 국가를 위해 손수레 하는 것을 선택했다고 보도했다. 국영 매체는 700명의 고아가 공장, 농장 및 숲에서 일한 의향을 밝힌 것을 보도하기도 했다.[68]

이에 대하여 국내 북한 교육권 전문가는 '사회와 실천의 결합'을 표명하는 북한 체제의 특수성을 언급했다. 북한 사회는 절대 다수의 인구를 노동에 배치시키는 구조로서 북한의 교육과정은 고등교육 진학이 아닌 사회 내 노동력으로 성장 및 교육시키는 데 그 주안을 두고 있다는 것이다. 그에 따라 교육 과정 내 이루어지는 '노력동원' 등은 '사회교양'의 일환으로 아동을 '실습'노동에 노출시킴

---

[67] UPR19_여_2019_양강도
[68] "More Youth Volunteer to Work in Major Socialist Construction Sectors," 『조선중앙통신』, 2021.05.29.

으로써 직무교육을 진행하는 것으로 북한 당국은 주장할 것이라고 부연했다. 따라서 그는 이러한 북한 사회의 구조와 이에 따른 아동의 권리에 대한 북한 당국의 자의적 해석을 명확히 인지하고 이를 방지하기 위한 구체적인 권고안이 제시될 필요성을 다시 한번 강조했다.

"이거는 이건 너무 많이 시켜. 아니 학대는 아니고 그냥 도와주기 활동 뭐 이런 거. 좋은 일 하기, 좋은 일 하기 활동. 그 정도까지는 괜찮다고 봐야 돼. 매일 시키는 것도 아니고 그냥 뭐 풀 뽑기 이런 거 잡풀 뽑기 아니면 뭐. 근데 그거를 배우는 과정이라고 표현을 하니까. 자라는 과정이라고 표현해요. 자라는 과정, 교육과정 이런 얘기를 하지."[69]

"노동에 노출되죠, 그들이 직접적으로 건설장이나 현장에 있는 데 나가서 보다는 뭐 나물 뜯고 뭘 줍고 나무 줍고 하는 것은 다 노동이니까. 그게 많이 진행되고 있습니다. 특히 그 도시 중심이 아니고 지방 중심으로 애들이 열악합니다."[70]

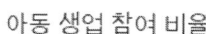

북한인권정보센터는 국가 차원의 노력동원으로 진행되는 노동 이외에 북한

---

69 UPR01_남_2022_평양시
70 UPR07_남_2020_평양시

아동이 노동 시장에 노출되는 여부에 대해서도 조사하였다. 이와 관련한 질문에 조사자 중 70%는 2019년 이후 북한 사회에서 아동 노동은 엄격히 금지되고 있다고 응답했다. 교육 과정 이외 사회 기업소 등에서 아동이 고용되거나 사회노동 시장에서 활동하는 것은 북한 국내법에 따라 금지되고 있다는 것이 그 증언이다. 다만 아동이 노동 환경에 노출된다고 응답한 30%의 경우, 그 원인을 대개 개별 가정의 생계와 연관 지어 답변했다. 북한의 아동들은 공식적인 노동 시장에서 활동할 수는 없으나 1990년대 경제난 이후 장마당 등 개별 시장 경제활동을 통하여 가정의 생계가 이어지는 만큼, 가정 내 아이들이 부모를 도와 집안의 장사에 참여하는 식의 노동은 이루어지고 있다고 하였다. 나아가 단순히 부모의 일손을 돕는 차원이 아니라 가정의 생계를 위하여 노동에 참여하는 아동의 비율에 대한 질문에 55%의 조사자는 북한 전체 아동의 4분의 1 이상이 생업을 위해 노동에 참여하고 있을 것이라 답변했다. 아동의 노동시장 참여를 엄격히 금지하여 아동을 노동으로부터 보호한다는 북한 당국의 주장과 실제 북한 아동에게 주어지는 환경에 큰 괴리가 있음을 보이는 결과이다.

"국가가 운영하는 기업소들에서는 그게 허용이 안 되고, 개별적으로 북한에서 말하는 불법. 허가되지 않는 그런 일을 하는 사람들은 있지요. 공식적으로는 절대 안 되고 생업 때문에."[71]

교육권 이외에도 북한 당국은 아동권과 관련하여 국내 영유아 사망률과 영양실조율을 개선하기위해 노력하라는 내용의 권고안(126.164)을 수용했다. 북한의 VNR에서 북한 당국은 "5세 미만 아동의 영양실조율이 급격히 줄어드므로

---

[71] UPR02_남_2022_평양시

상황이 현저하게 개선되었다"라고 주장했다.[72] 그러나 북한의 주장과 달리, 유엔 북한팀(Country Team)은 해당 내용을 부정하며 5세 미만의 아동들 중 10명 중 1명이 저체중이며 약 5명 중 1명이 발달 저해를 겪고 있음을 밝혔다.[73] 2020년 유엔 북한팀(UN Country Team)의 "2020 북한의 필요와 우선순위(2020 DPR Korea Needs and Priorities) 보고서"에 따르면, 북한의 약 1,040만 명이 긴급한 영양 지원이 필요한 상황이다.[74] 이는 한 세대의 아이들에게 있어 심각한 위협으로 자리하며, 그들의 신체적 발달과 나아가 인생 전체에 악영향을 끼칠 수 있는 중대한 사안이다. 위 보고서는 "영양결핍과 영양실조의 확산이 북한 내 심각한 사안"이라고 강조한다. 북한과 유엔의 상반된 주장은 북한에서 다뤄지는 영양실조 문제와 관련한 복잡하고 불투명한 현실을 나타낸다. 북한 사회의 실제와 당국 보고서 간의 격차를 줄이기 위해서는 철저한 조사와 협조 노력이 필수적이다.

북한이 가입한 아동권리협약(CRC) 제19조는 "협약에 가입된 당사국은 아동을 부모나 법정 보호자 또는 아동을 보호하는 어떠한 다른 사람의 보호 하에 있는 동안에 모든 형태의 육체적 또는 정신적 폭력, 부상 또는 학대, 방치 또는 무관심, 학대 또는 착취로부터 보호하기 위한 적절한 법적, 행정적, 사회 및 교육적 조치를 취해야한다"고 명시하고 있다. 이와 관련하여 북한은 "근본 원인을 다루는 모든 형태의 아동에 대한 폭력을 예방하고 대응하기 위한 포괄적인 전략을 개발하는 것"을 요구하는 권고안(126.187)을 수용했다.

그러나 북한은 VNR에서 겉치레적 수사로 관련 내용을 무마하였다. 북한 당국은 "아동에 대한 모든 형태의 폭력을 비롯하여 학대, 착취, 인신매매, 뇌물수

---

[72] Voluntary National Review, p.16.
[73] "DPR Korea Needs and Priorities 2020," p.21.
[74] "DPR Korea Needs and Priorities 2020," p.21.

수는 법적으로 금지되어 있으며, 사회적 문제로 불거지지 않는다"고 명시하였다.[75] 북한의 이러한 주장은 CRC와 북한이 수용한 권고안에서 강조되는 아동에 대한 폭력의 실태 및 그 근본 원인과 북한이 보고한 북한의 사법구조 간의 일치 여부에 대한 의문을 해소하지 못한다.

북한 사회의 현실은 여전히 아동의 권리를 보호하는 데 취약하다. 언어적 폭력은 물론 신체적 폭력 역시 가정과 교육제도 내에서 훈육이라는 명목 하에 문제의식 없이 용인되고 있으며, 이를 방지하기 위한 북한 당국 차원의 조치는 미진하다. 특히 가정에서 이루어지는 아동 학대의 경우 대다수의 북한 주민들이 이를 폭력적 행위나 학대의 영역으로 인식하지 않는다는 것이 조사 기간 동안 확인되었다. 북한이탈주민 조사자 중 90%가 2019년 이후 가정 내 아동폭력에 국가 차원의 조치가 이루어지지 않았다고 응답하였으며, 이를 방지하기 위한 조치가 있다고 응답한 5% 역시도 이를 정부 차원의 구체적인 방지책이 아닌 사회적 분위기에 의한 중재 과정으로 설명하였다. 조사자들은 아동에 대한 권리는 부모에게 귀속된 것이므로 가정 내에서 발생하는 상황과 정부의 개입은 별도의 것이라고 인지하고 있었다.

가정이 아닌 교육제도 내에서는 2019년 이후 긍정적 변화의 양상이 확인되었다. 2019년 이후 교사에 의한 아동 학대 방지책 여부에 대해서는 80%의 조사자가 없다는 부정적 응답을 하였으나 사회망 내에서 이러한 아동 학대를 향한 비판의 목소리는 커지고 있는 것으로 보인다. 특히 교육기관 내 신체적 폭력 행위의 경우 2019년 이후 그 정도가 확연히 줄어들었으며, 이러한 폭력 행위가 고발될 경우 교육부에 의해 학급의 담당교원이 교체되거나 교직에서 해임되는 등 처벌 사례도 있는 것으로 증언되었다. 이는 자녀에 대한 교육을 전적으로 교원에게 일

---

75 Voluntary National Review, p.13.

임하였던 과거와 달리 개별 가정의 차원에서 자녀 양육에 대한 관심이 높아짐에 따라 이에 대한 문제를 제기하는 사례가 다수 발생한 데 기인한 것으로 보인다.

"북한도 옛날에는 아이 많이 낳고, 아이 많이 낳게 해서 그런지 선생한테 맞아도 그런 거 갖고는 [신소 따위를] 안 했는데, 지금은 북한에서도 하나, 잘 낳아야 둘… 좀 살기 힘들어하는 사람들은 둘도 안 낳아요. 하나도 살리기 힘든데 어떻게 둘씩 낳느냐면서 안 낳고, 조금 여유가 있는 양반들이 둘을 낳고… 근데 다 하나 정도만 낳으니까 엄청 귀하지. 그러니까 저희 아이가 학교에서 선생한테 맞았다면 상황에 따라서 신소하는 부모들도 있고요. 요샌 신소하는 부모들이 많아졌더라고."[76]

"아이 몸에 멍 들었다든가, 이런 이상이 보이고 아이가 울어서 눈이 좀 부어온다든가 그럴 때 아이한테 물어보면 아이가 말하잖아요. 그러면 학교 찾아가는 거죠. 선생님 찾아가든가, 그렇지 않으면 교육청에 제기하든가 해서 담임을 못 하게 한다든가 그런 조치가 있죠."[77]

지금까지의 논의를 미루어 볼 때 북한 사회 내 아동의 교육 및 권리를 증진시키는 역할은 북한 당국이 아닌 각 개별 가정 및 아동의 부모가 담당하고 있음을 확인할 수 있다. 그러나 모든 아동이 부모나 후견인에 기대어 살 수 있는 것은 아니다. 특히나 북한의 경우 부모를 잃고 거리로 나앉은 고아, 일명 꽃제비들과 관련한 문제가 지속적으로 발생하고 있다.

이와 관련하여 북한인권정보센터는 2019년 이후 부모나 후견인이 없는 아동의 양육을 북한 당국이 전담하고 있는 지에 대하여 조사를 진행하였다. 80%의

---

[76] UPR02_남_2022_평양시
[77] UPR16_여_2019_평안남도

조사자는 이에 대한 국가 차원의 양육조치가 이루어지고 있다고 응답했다. 구체적으로 1990년대 이후 길거리에 즐비하였던 꽃제비의 수가 눈에 띄게 줄어들었으며, 정부 차원에서 고아원, 육아원, 중성학원 등의 구호 시설을 설립하여 이러한 아동들을 격리 보호하고 있다는 증언이 수집되었다.

2021년 북한 외무성은 "아동권리선언"과 "아동권리협약"과 같은 국제 선언문을 인용하며 이를 아동들이 가족과 사회에서 특별한 보호를 받을 자격을 공인하는 기초자료로 삼겠다고 공식적으로 발표했다.[78] 해당 보도에 따르면, 북한의 당과 국가는 외압으로부터 증가되는 국제적 제재와 적대적인 행동에도 불구하고 아이들의 양육과 교육 및 미래 전망에 대한 책임을 적극적으로 맡을 것이라고 표명한다. 또한 국가는 학생들이 차별없이 배우고 발전할 수 있는 환경을 보장하기 위해 보육원, 유치원, 12년간의 의무 무상 교육 체계를 포함한 포괄적인 지원을 모든 학생들에게 제공한다고 밝힌다. 나아가 북한 당국이 아동들의 복지를 증진하기 위해 헌신한다는 구체적인 증거로서 보육원, 고아원, 고아를 위한 학교와 같이 전국에 설립된 현대화된 보육시설을 소개한다. 북한은 VNR에서 "보육할 사람이 없는 고아와 노인들이 걱정 없이 살 수 있도록 고아들의 소학교, 고등중학교, 유아원, 고아원, 양로원에 세심한 관심을 기울여야 한다."고 말했다.[79]

그러나 이러한 격리 보호가 실질적인 아동의 보호로 이어지는가에 대한 질문에 대해서 다수의 조사자들은 회의적으로 답변하였다. 구호시설로 격리된 아동들은 일반 아동들과 달리 정해진 규격의 복장을 착용해야 한다고 증언하며, 이는 이들을 규정짓는 사회적 낙인과도 같다고 부연했다. 또한 구호시설 내 아동들은 다른 아동들과 동일한 교육 및 성장의 기회를 누리지 못하고 국가에 의해 강제적인 노동에 차출되는 등 불합리한 환경에 노출되는 것으로 확인되었다. 고아

---

78 "Contrasting Realities Mirrored in Fates of Children," 『Ministry of Foreign Affairs』, 2021.05.15.
79 Voluntary National Review, p. 13.

및 취약아동을 위한 보호 정책을 전개하고 있다는 당국의 주장과 달리 주거 환경의 제공 이외에 아동의 권리를 보호하기 위한 적절한 조치가 이행되지 않는 것이다.

"보육원, 어린 친구들 있는 거기는 혜택이 좀 많아졌다고 듣긴 했거든요. 근데 좀 큰 친구들 있잖아요, 꽃제비였던… 그런 사람들은 많이 사라진 이유가 집도 지어야 되고 그런 게 되게 많아요. 그래서 다 데려가서 일 시키려고 그러는 거지 좋아진 건 아니라고."[80]

"꽃제비가 얼굴을 보면 알아요. 근데 그런 친구들이 싹 없어진 거예요. 그런 친구들이 다 교육시설로 이제 들어갔죠. 들어갔는데 걔네가 한 중학교, 고등학교 이때 되면 유니폼을 다 입히거든요. 걔네가 딱 보면 '쟤 어디 시설 애로구나' 하는 걸 딱 알아요. 근데 그거 하고 다니는 애들 보면 먹지 못해서 키가 엄청 작아요. 그런 애들은 또 가는 데가 대부분 건설장, 학교 졸업하고도 건설장 가서 건설하고… 좀 삶이 인간이라고 말하기가 그렇죠."[81]

본 검토 기간 동안 미성년자 보호를 촉진하라는 국제사회의 권고에 따라 북한의 사법체계에 주목할 만한 변화가 있었음은 사실이다. 2019년의 기존 법률과 달리, 2022년 개정된 북한 형법은 제110조(미성인에게 노동을 시킨 죄)와 제111조(여성에게 금지된 노동을 시킨 죄)에서 미성년자와 여성에 대한 불법적인 노동에 대해 노동단련형 처벌을 명시하고 있다. 이러한 규정은 북한이 국제사회의 미성년자와 여성의 노동권 보호에 관한 권고를 준수하려는 의지로 볼 수 있다. 그

---

80 UPR05_남_2019_양강도
81 UPR09_남_2019_황해북도

러나 본 조사기간 동안 북한인권정보센터는 2019년 이후 북한 당국 차원의 노력과 정책 전개가 실질적으로 아동의 권리를 강화하는 데에는 한계가 있었음을 확인하였다. 아동의 교육권 향상을 위해 제정된 다수의 법률과 정책은 실제로는 개별 가정 단위로 그 책임이 전가되어 오히려 취약 계층에 속하는 아동들에게 교육 기회를 제공하지 못하고 되레 그들을 균등한 교육기회에서 소외시키는 결과로 이어졌다. 2019년 이후에도 북한 당국의 주장과 실제 교육 현장에서의 간극은 여전하며, 이는 교육 환경에 국한되지 않고 오히려 확대되었다. 북한 사회 내에서 아동의 권리에 대한 인식과 존중은 여전히 결여되어 있으며, 특히 최소한의 보호 조치가 필요한 취약 아동들에 대한 적절한 보호가 충분히 이뤄지지 않았음을 확인할 수 있다.

II. 소수자의 인권

3. 장애인

• 수용된 권고안

126.46 유엔 인권조약체와의 협력을 강화하며, 국내적으로 권고 이행을 확실히 할 수 있도록 조율한다.(우루과이)

126.72 장애인의 권리에 관한 협약과 아동의 매매·성매매 및 아동 음란물에 관한 아동권리협약 선택의정서를 이행하도록, 그 원칙과 요건을 관련 국내법에 반영한다.(투르크메니스탄)

126.77 장애인의 권리에 관한 협약과 아동의 매매·성매매 및 아동 음란물에 관한 아동권리협약 선택의정서를 완전히 이행할 수 있도록 그 원칙과 요건을 관련 국내법에 반영한다.(시리아)

126.82 사회 취약 계층 인권 증진과 보호 노력을 강화한다.(나이지리아)

126.85 장애인의 권리에 관한 협약과 아동의 매매·성매매 및 아동 음란물에 관한 아동권리협약 선택의정서를 효과적으로 확실히 이행하도록 조치를 취한다.(베트남)

126.102 경제 및 사회 발전 계획 하에 조치를 마련 및 유지하여 특히 아동, 여성, 노인 및 장애인을 포함하여 국민의 안녕을 보장한다.(쿠바)

126.105 별도의 도움을 필요로 하는 이들(persons with special needs)을 보호하고 전적으로 인권을 향유할 수 있도록 할 전략을 마련한다.(오만)

126.106 여성, 아동, 장애인 및 노인을 포함하여 취약 계층 인권을 보호하는 프로그램을 강화한다.(필리핀)

126.107 여성, 아동, 장애인, 노인의 안녕을 도모하도록 조치를 마련하고 확대한다.(짐바브웨)

126.112 기후변화와 기후변화가 생활에 미치는 영향을 관리하는 총체적인 전략을 마련하는 데 여성, 아동, 장애인, 토착민 및 기타 소외된 지역사회를 포용하고 이들이 참여할 수 있도록 한다.(피지)

126.156 자국민, 특히 가장 도움을 필요하는 이들에게 교육, 식량, 보건 접근을 계속해서 보장한다.(베네수엘라)

126.193 장애 아동을 특수 시설이나 특수반에 우선 배정하지 않고, 장애 아동을 포용하는 교육을 마련하도록 적절한 조치를 취한다.(불가리아)

126.194 조선민주주의인민공화국 국가장애자보호위원회와 역내 타 국가 유관 기관 간의 협력을 도모한다.(인도네시아)

126.195 장애인 보호를 위해 노력을 배가한다.(이란)

126.196 장애인에게 동등한 보건 및 교육 접근성 및 권리를 보장하도록 노력을 지속한다.(노르웨이)

126.198 장애인 접근이 불가한 주거 시설 및 대중 교통을 개선하도록 노력하여, 장애인이 가능한 독립적으로 생활하고 삶의 면면을 온전하게 누릴 수 있도록 한다.(세르비아)

126.199 장애인의 사회 참여 확대를 위하여 추가 조치를 취한다. 가령 공공 장소의 물리적 장벽을 제거하며 장애인에 대한 낙인을 없애도록 인식 고취 캠패인을 벌인다.(싱가포르)

126.46 유엔 인권조약체와의 협력을 강화하며, 국내적으로 권고 이행을 확실히 할 수 있도록 조율한다.(우루과이)

126.72 장애인의 권리에 관한 협약과 아동의 매매·성매매 및 아동 음란물에 관한 아동권리협약 선택의정서를 이행하도록, 그 원칙과 요건을 관련 국내법에

반영한다.(투르크메니스탄)

126.77 장애인의 권리에 관한 협약과 아동의 매매·성매매 및 아동 음란물에 관한 아동권리협약 선택의정서를 완전히 이행할 수 있도록 그 원칙과 요건을 관련 국내법에 반영한다.(시리아)

126.82 사회 취약 계층 인권 증진과 보호 노력을 강화한다.(나이지리아)

126.85 장애인의 권리에 관한 협약과 아동의 매매·성매매 및 아동 음란물에 관한 아동권리협약 선택의정서를 효과적으로 확실히 이행하도록 조치를 취한다.(베트남)

126.102 경제 및 사회 발전 계획 하에 조치를 마련 및 유지하여 특히 아동, 여성, 노인 및 장애인을 포함하여 국민의 안녕을 보장한다.(쿠바)

126.105 별도의 도움을 필요로 하는 이들(persons with special needs)을 보호하고 전적으로 인권을 향유할 수 있도록 할 전략을 마련한다.(오만)

126.106 여성, 아동, 장애인 및 노인을 포함하여 취약 계층 인권을 보호하는 프로그램을 강화한다.(필리핀)

126.107 여성, 아동, 장애인, 노인의 안녕을 도모하도록 조치를 마련하고 확대한다.(짐바브웨)

126.112 기후변화와 기후변화가 생활에 미치는 영향을 관리하는 총체적인 전략을 마련하는 데 여성, 아동, 장애인, 토착민 및 기타 소외된 지역사회를 포용하고 이들이 참여할 수 있도록 한다.(피지)

126.156 자국민, 특히 가장 도움을 필요하는 이들에게 교육, 식량, 보건 접근을 계속해서 보장한다.(베네수엘라)

126.193 장애 아동을 특수 시설이나 특수반에 우선 배정하지 않고, 장애 아동을 포용하는 교육을 마련하도록 적절한 조치를 취한다.(불가리아)

126.194 조선민주주의인민공화국 국가장애자보호위원회와 역내 타 국가 유관

기관 간의 협력을 도모한다.(인도네시아)

126.195 장애인 보호를 위해 노력을 배가한다.(이란)

126.196 장애인에게 동등한 보건 및 교육 접근성 및 권리를 보장하도록 노력을 지속한다.(노르웨이)

126.198 장애인 접근이 불가한 주거 시설 및 대중 교통을 개선하도록 노력하여, 장애인이 가능한 독립적으로 생활하고 삶의 면면을 온전하게 누릴 수 있도록 한다. (세르비아)

126.199 장애인의 사회 참여 확대를 위하여 추가 조치를 취한다. 가령 공공 장소의 물리적 장벽을 제거하며 장애인에 대한 낙인을 없애도록 인식 고취 캠패인을 벌인다.(싱가포르)

2019년 이후 북한은 장애인의 권리에 대한 접근에서 일부 개선적 행보를 보였다. 특히 2016년 북한의 장애인권리협약(CRPD) 비준은 북한이 장애인의 권리를 보장하려는 의지를 국제무대에 표명한 것으로 해석된다. 또한 두 번째 UPR 검토기간에는 장애인의 권리와 관련하여 특별보고관이 북한에 직접 방문할 수 있도록 초청까지 하였다.[82] 북한은 이러한 장애인 권리 관련 조치를 최근 몇 년간 가장 개선된 인권 영역으로서 자국의 인권 상황을 홍보하는데 사용하고 있다. 세 번째 UPR 검토기간 동안 북한은 장애인과 관련된 8개의 권고안과 취약계층과 관련된 몇몇의 권고안을 수용했다. 장애인의 권리는 북한 당국의 관심이 명백히 집중된 영역이었고, 그에 따라 북한은 세 번째 UPR 회기에서 장애인 인권과

---

82 OHCHR, "UN disability expert welcomes opportunity for constructive dialogue on human rights in North Korea," 2017.05.15.

관련하여 적극적인 참여를 보일 것으로 예상되었다.

세 번째 정례검토 기간에 북한은 장애인들의 사회참여를 촉진하고 캠페인을 통한 장애인 인식 제고를 목표로 하는 권고안(126.199)를 수용했다. 이와 관련하여 장애인 모범시민을 소개하는 웹사이트인 '희망'을 운영하는 것을 포함하여 국영 매체에서 장애인에 대한 보도가 눈에 띄게 증가했다. 북한의 국가조직에서 종사한 경험이 있는 북한 장애인 전문가 자문에 따르면, 조선장애자보호연맹(Korean Federation for the Protection of the Disabled, KFPD)은 본 분야와 관련하여 지속적으로 노력하고 있으며 특히 예술과 스포츠 분야에 그 주안을 두고 있는 것으로 보인다.

한편, 해당 전문가는 북한 대중들의 장애에 대한 인식과 KFPD의 장애에 대한 인식 간에 극명한 차이가 있다고 밝혔다. 북한 대중의 장애에 대한 인식은 주로 상이군인과 참전용사에 한정되어 있다. 2023년 장애인권리위원회가 북한에 제기한 문제들에 대응하여, 북한 당국은 장애에 관한 지식과 기본적인 재활기술을 보급하기 위한 정기적인 워크샵을 만들었다고 보고했다. 또한 장애인 예술가나 장애인 운동선수와 같은 장애인 인사들을 조선중앙통신, 라디오 방송, 신문 및 잡지와 같은 미디어 플랫폼에 소개하는 등 당국 차원의 노력을 강조했다. 더불어 국내 및 국제 장애인의 날에는 장애인들의 노동, 문화 활동, 사회적 공헌을 강조하는 특별 프로그램을 정기적으로 방영한다고 보고했다. 그러나 북한 언론에 등장하는 장애인 운동선수들은 장애에도 불구하고 국가에 헌신하는 모습을 통해 북한 당국에 대한 애국심을 보여주는 형태로 국한된다. 한편 '희망' 웹사이트는 국내 도메인으로는 접속이 불가능하여 해외 인터넷 사용자들을 대상으로 운영되고 있는 것으로 추정된다. 그럼에도 북한 당국 차원에서 진행된 위와 같은 활동들은 북한사회에서 장애에 대한 깊은 이해와 포용을 촉진하는데 중요한 역할을 하고 있는 것으로 보인다.[83] 아쉬운 점은, 북한의 국영 매체와 언론들이 성공적인 장애인 인권 증진 사례를 강조하는 빈도에 반해 해당 기사들의 초점은 주로 특정 유형의 장애에 한정되어 있다는 것이다. 구체적으로 살펴보면, 대부분의 기사는 주로 시각 장애인과 청각 장애인에 집중되어 있다. 관련 기사는 대체로 교육과 관련된 내용이었으며, 언론은 주로 수화의 표준화, 교사 대상 교육, 시각 장애인이나 청각 장애인을 위한 전문 교육 시설과 같은 주제에 초점을 맞추어 보도했다. 또한 북한 언론들이 보도한 다수의 장애인에 대한 기사들은 장애인을 위한 특수 교육 시설에 중점을 두었으며 장애인에 대한 포용성에 대한 언급은 미흡한 것으로 확인된다. 일례로, 2023년 06월 게재된 "조선 장애자의 행복"[84]이라는 기사는 장애인보호에 관한 북한 법률을 홍보하고 있으나, 해당 법률은 시각 장애인에 한정된 규정들임을 이어지는 문단을 통해 알 수 있다. 또한 "조선시각장애인협회 중앙위원회는 1948년 2월에 창설되어 그 역할을 이어오고 있으며, 북한이 건국되었을때…"등과 같이 장애인 전반을 포용하는 것과는 괴리가 있는 내용이 다수 포함되어 있다. 해당 기사는 장애인을 위한 재활이나 치료에 대해 다루고 있음에도 그 범위는 시각 장애인에 한정되어 있다. 그 외 시각 장애인이나 청각 장애인을 직접 언급하지 않은 기사에서는 장애가 정의되지 않거나 모호한 정의를 통해 다루어졌으며, 장애에 대한 사회정치적, 경제적, 문화적 권리를 보장하기 위한 새로운 법률이 채택되었다는 표면적인 내용만 언급 되어있다.[85] 이처럼 신체장애 중에서도 시각 및 청각에만 논의를 한정하는 가운데 자폐증이나 다운증후군과 같은 정신적 장애 관련 내용은 겉치레적 포용 범주에도 속하지 않으며, 본 조사기간 동안 북한의 국영매체 및 언론에서 관련 언급은 확인할 수 없었다.

---

83 Replies to the List of Issues Forwarded by the Committee on the Rights of Persons with Disabilities.
84 "Korean Disabled Persons in Happiness," 『DPRK Today』, 2023.06.20.
85 "Persons with Disabilities Will Enjoy More Rights, Benefits," 『Pyongyang Times』, 2023.10.10.

선별적으로나마 국영매체를 통한 북한의 장애인 인식개선 노력이 확인되고 있으나, 북한인권정보센터는 본 검토기간 동안 북한 사회 전반에서 장애인에 대한 실질적 인식 개선은 여전히 미흡한 상태임을 확인했다. 대다수의 북한이탈주민 조사 참여자들은 장애인과 관련된 인식이 미비하였고 관련 정보에 대한 접근성 역시 제한되어 있었다. 또한 북한 내에서의 장애인들의 일상적인 생활환경과 검토 기간 동안 발생한 장애인 정책 변화에 대한 질문에 대한 응답에서는 대다수가 해당 정보를 알지 못한다는 내용이 주를 이루었다. 이러한 결과는 북한 내에서 장애인들에 대한 인식과 접근성이 아직도 부족하며, 장애인 정책에 대한 정보 전달이 적절히 이루어지지 않고 있다는 현실을 반영한다.

"이거는 몰라요. 장애자가 주변에 없었어요. 장애인들이 안 보여요. 따로 모아놓아서 그 사람들은."[86]

"장애인들을 많이는 못 봤어요. 그냥 밖에 나와 다니는 걸 잘 못 봤어요. 가끔 나오는데 가끔 나오면 사람들이 피하거든요, 너무 무서워서."[87]

이웃이나 지인의 사례를 통해 장애인의 처우와 관련된 정책을 득문한 바 있더라도, 북한이탈주민 조사대상자들은 주로 영예군인이라는 특정 집단에 한정적으로 답변하는 경향을 보였다. 이는 북한 정권이 최근까지 "영예군인" 등 특정 집단에 중점을 두고 정책을 시행하고 있다는 경향성을 시사한다. 특히 이러한 경향성은 북한의 법을 통해서도 확인되는데, 장애인보호및권리증진을위한법 제6조에 "북한 당국은 장애인을 친절하게 대하고 지원하는 사회적 분위기를 촉진한

---

[86] UPR01_남_2022_평양시
[87] UPR06_여_2019_양강도

다."고 명시하고 있다. 그러나 이 법은 북한당국과 인민을 위해 헌신한 군인, 노동자, 상이군인에게 우선적으로 혜택을 제공한다는 내용 역시 포함한다.[88] 즉, 북한 내에서는 사회적 안전망을 보장받아야 하는 취약 계층이 아닌 국가에 대한 충성도와 기여도에 따라 국가 차원의 지원이 이루어지고 있다는 것이다. 이는 국가 제공의 안전망이 실질적 필요보다는 체제에 대한 충성도에 의해 결정되는 북한 사회 구조의 특징을 반영한다. 북한에서 국민의 가치는 정권에 대한 충성도와 기여도에 따라 측정되며, 이에 따라 국가 제공의 안전망에 포함되는 혜택 또한 결정되는 것이다. 구체적으로, 2019년 이후의 기간 동안 장애인에 대한 식량 및 물품 배급에 우대가 있는지에 대한 질문에 북한이탈주민의 45%가 긍정적으로 답하였다. 그러나 이러한 우대 정책의 예시는 주로 "영예군인"에 한정되어 있어, 이는 포괄적인 장애인에 대한 정책으로 해석하기 어려우며 체제 충성 계층에 대한 선별적 우대 정책으로 해석된다.

"우리 학교 옆에 영예군인 공장이라는 게 있었어요. 플라스틱 병 같은 거 생산하는 공장이여서, 소소하게 하는 작업밖에 없거든요. 그래서 여기서 제품이 많이 나와서, 주변에 도매 시장이라고… 부엌의 주방 식기류 같은 것들을 많이 팔았는데, 여기서 나오는 것들이라고 얘기를 하더라고요. 그런데 장애자는 모르겠어요. 영예군인은 그냥 직업을 만들어줘요, 그런 생산공장 같은 데 보내서 먹고 살게 해주지. 근데 장애자는 주변에서 못 봤어, 한번도."[89]

"보면 장애인보다도 영예군인들만 많이 채용되는 것이죠. 영예군인 공장이라고 따로 있어요. 거기 보면 영예군인들이 많이 들어가서 일을 하죠. 근데 실제 보면 영예군

---

[88] Replies to the List of Issues Forwarded by the Committee on the Rights of Persons with Disabilities.
[89] UPR01_남_2022_평양시

인이라고 말은 하시지만, 이렇게 보면 "영예군인"인데 평상시(비장애인) 사람하고 똑같아요. '너는 대체 군대 나가서 무슨 부상당했지' 하고 물어보면 어디 칼에 찔렸다든지… 어쨌든 사람이 보면 완전 깨끗해요. 영예군인으로 제대되고 그러니까, 이 손가락 한 마디가 꺾여져도 그러니까. 영예군인들만 약간 대우를 받는다곤 하지."[90]

이러한 경향성은 2019년 이후 북한 내의 장애인 노동 및 고용 정책과 관련하여 보다 명백히 나타난다. 북한이탈주민 조사 결과에 따르면, 응답자 중 85%가 북한 장애자보호법에 따른 장애인 의무고용 정책에 대해 부정적이거나 모른다고 응답했다. 이는 북한 내에서 장애인 정책과 관련된 전반적인 인식이 부족한 실태를 나타낸다. 또한 2019년 이후 장애인을 위한 고용 정책이 진행된다고 응답한 15%의 일부 응답자 중 다수는 해당 정책에 대하여 "영예군인 공장"이나 "경노동 공장"과 같은 특정한 노동 환경만을 대표적으로 언급했다. 이는 북한 내에서 장애인을 위한 구체적인 정책 진행이 2019년 이후에도 여전히 미진한 상황임을 시사하며, 더욱이 그 정책이 실행되었다 할지라도 영예군인과 같은 특정 계층에만 한정되어 있다는 점을 강조한다. 그러나 주목할 점은, 장애인을 위한 고용정책이 특정 계층에 한정되어 있다는 한계점이 분명한 상황임에도 불구하고, 해당 계층이 "장애인"이라는 인식이 노동 정책 내에 고려되고 있다는 점이다. 일부 북한이탈주민이 언급한 장애인 고용 기관 및 정책에 따르면, "영예군인 공장"이나 "경노동 공장"과 같은 환경에서는 노동 시간이나 노동의 강도가 일반 주민들에 비해 경미하게 부여된다. 특히, 이들 장애인 고용 환경에서는 노동시간이 기존의 8시간이 아닌 4시간에서 6시간으로 축소되었고, 부여되는 노동 역시 상대적으로 적은 신체적 부담을 요구하는 경미한 노동이라고 설명했다. 이러한 증언은 북한

---

90 UPR15_남_2019_평안남도

내에서 장애인을 위한 노동 환경이 특별히 고려되고 있다는 상황을 시사한다. 그러나 동시에 이러한 혜택이 한정된 특정 집단에만 적용되고 있다는 점은 여전히 전반적인 사회적 포용의 한계를 나타낸다. 이러한 한정된 혜택이 다양한 장애 유형과 장애 계층으로 확대되지 않으면, 실질적인 사회적 포용과 공평한 환경 구축을 달성하기에는 한계가 클 것으로 사료된다.

"배려 정책이 있죠. 장애라기보다 몸이 좀 아프잖아요. 몸이 아프면 '사회 진단서'인가 있었던 것 같아요. 사회 진단서인가 떼서서 이 사람이 장애가 어느 정도인지 의료기관에서 다 판정을 해요. '그래도 너는 하루에 1~2시간은 일해, 4시간 일해.' 이런 게 있거든요. 그래서 그에 맞는 일을 해요. 두 시간 정도 일한다 하면 할머니들하고 앉아가지고 수다 떨면서 할 수 있는 일 이런 거 시키고, 그리고 일반 사람들하고는 좀 분리해서 일 난이도를 맞췄어요." [91]

장애를 가진 아동과 관련하여 북한 당국은 장애를 조기에 발견할 수 있도록 돕는 장애 평가 지침과 매뉴얼을 보호자와 교사들에게 제공한다고 밝혔다. 그러나 북한인권정보센터가 진행한 전문가 인터뷰에서는 해당 자료의 제공과 별개로 재활센터 자체의 제한된 역량때문에 관련 자료에 대한 배포와 실질적 교육이 저어되는 경향이 있음이 확인되었다.

후천적 장애인에 대한 지원 정책이 "영예군인"에 중점을 두고 운영되고 있는 상황에서, 선천적 장애인과 후천적 장애인에 대한 사회적 인식은 더욱 회의적인 경향을 보이며, 특히 신체적 및 정신적 장애인에 대한 태도에 심각한 격차가 있음이 확인되었다. 북한이탈주민들이 증언 과정 중 언급한 밝힌 장애인에 대한 인

---

[91] UPR09_남_2019_황해북도

식은 이를 명확하게 반영한다. 후천적 장애인에 대한 언급 대부분은 주로 "영예군인"으로 한정되어 있으며, 그 외의 후천적 장애인에 대한 인식은 조사기간 동안 거의 발견되지 않았다.

북한은 지적 장애 혹은 정신적 장애, 뇌성마비, 자폐증, 다운증후군, 척추기형, 소아 마비를 포함한 다양한 종류의 장애를 가진 사람들에 대한 사회적 인식을 높이기 위해 적절한 조치를 취했다고 밝혔으나 증언에 따르면 현실은 그와 상반된다. [92]

특히 정신적 장애인에 대한 부정적 인식이 두드러지게 나타났다. 이들은 "49호 대상자"로 지칭되며 사회적으로 완전히 배척되는 계층에 속한다는 사실이 확인되었다. 조사대상자들은 이러한 정신적 장애인의 경우, 사회와 가정 모두에서 완전한 격리 상태에 놓여 있으며, 부모가 외부 출입을 금지시키는 사례가 빈번하다고 증언했다. 따라서 일반 대중과 이들간의 상호작용 기회는 현저히 제한되어 있으며, 대다수의 경우 49호 병동으로 이송된다고 말했다. 정신 장애에 대한 사회적 배척은 물론 물리적 격리조치가 여전히 발생하고 있다는 것이다. 이로 인해 이러한 정신적 장애인에 대한 북한 내 사회적 인식은 현격히 낮은 수준이며, 일반 북한 주민 입장에서 관련 장애에 대한 인지 및 접근성이 거의 없다는 사실이 확인되었다.

"그니까 그냥 사람들 속에서 일반 사람들 쪽에서 후천적 장애는 진짜 그냥 갑자기 생긴 거잖아요. 네, 그러다 보니까, 좀 너무 안됐다라는 좀 그런 동정의 마음이 있는데, 그 선천적인 장애는 좀 태어날 때부터 사람은 어디 모자라고 좀 그런 사람이다라고 해서, 좀 더 차별을 하는 것 같아요. 대우하는 건 아예 없으니까. 그건 모르겠고요.

---

92 Replies to the List of issues forwarded by the Committee on the Rights of Persons with Disabilities.

차별은 좀 차별은 정신 그런 장애를 가지고 있는 사람을 훨씬 많이 받죠. 너무 신체적 그런 장애는 아까 말씀드린 것처럼 뭐 사고로 대부분 그렇게 한 경우도 있고 어릴 때 이렇게 또 장애를 가지고 태어날 수도 있잖아요. 근데 이게 정신은 좀 사람이 왜 그런지 이게 정신이 좀 이상하다라고 하면은 엄청 무시하고 차별하고 그래요."[93]

북한의 세 번째 정례검토 시기 동안 북한 당국은 "장애인이 삶의 면면을 온전히 누리고 장애인에게 동등한 권리를 보장하라"는 권고안들을 수용하였다. 북한의 장애자보호법 제55조에서도 장애인의 거주와 이동의 자유를 보장한다는 내용이 포함되어 있다. 온전한 삶의 권리는 거주 및 이동권에 대한 자유가 우선적으로 보장되어야 한다. 그러나 북한인권정보센터는 북한의 제1차 검토기간 동안 북한 내 왜소증 장애인들의 거주지 격리 및 이동 제한 문제에 대해 확인한 바 있다.[94] 이는 당시 장애인인권특별보고관이 북한에 방북하였을 때 제기된 문제이기도 하다.[95] 북한 당국은 뚜렷한 신체 장애, 특히 왜소증을 앓고 있는 장애인들을 양강도 김형직군으로 이주 격리하고 그들의 거주권을 제한하는 정책을 시행해왔다. 이러한 이주 격리 사례는 1970년대 "인구 정화"라는 명목 아래 이들을 "국가의 불명예"로 규정하고 평양 및 대도시에서 추방하는 형태로 이루어졌다. 북한인권정보센터의 조사에 따르면, 이러한 사태는 현재까지 변함없이 지속되고 있다는 사실이 확인된다. 북한이탈주민 대상으로 실시된 조사에 의하면, 본 검토기간 동안 대상자의 90%는 장애인들에 대한 국내 추방 사례에 대한 정보를 득문한 바 없거나 실제로 발생하지 않았다고 증언했다. 그러나 왜소증 환자 등 특정 장애인에 대한 거주 제한 사례에 대해서는 50%에 해당하는 북한이탈주민이

---

93 UPR13_여_2019_양강도.
94 최선영 외, 유엔인권이사회 제1차 보편적 정례검토와 북한,(서울: 북한인권정보센터, 2017).
95 UN Human Rights Council, "Report of the Special Rapporteur on the rights of persons with disabilities on her visit to the Democratic People's Republic of Korea," A/HRC/37/56/Add.1, 2017.12.

이러한 사례가 2019년 이후에도 지속되고 있다고 증언하였으며, 특히 일부는 양강도 김형직군 내에 해당 장소가 여전히 유지되고 있다고 구체적으로 언급했다.

"그게 이게 난장이만 사는 동네가 따로 있어요. 난장이들은 거기다 몰아서리 거기다 넣어놓고 못 나오게 하거든요. 거기서 너희끼리 장가도 가고 시집도 가고 그러니까 군, 거기서는 못 나오는 거 애들이 그런 시설이 하나 있죠. 지금도 계속 유지되고 있죠. 김형직군 맞는 것 같은데. 후창 맞아 김형직군 맞아요. 고읍에 상창리라고 있어요. 상창리. 상창리에 들어가면 그게 난장이들이 거 모여 사는 데 아니야. 지금도 있어 난장이들이 그냥 그래 거기서 못 나오잖아. 난장이들은 키가 커도 지방에 대학교를 못 나오잖아. 거기에서만 종사를 하죠."[96]

본 검토기간 동안 북한 당국이 수용한 장애인에 대한 동등한 권리 보장 안에는 장애인의 교육 및 보건에 대한 접근성 보장이 포함된다. 특히 북한은 포괄적 교육에 대한 권고안(126.193)을 수용하였다. 유엔의 질의에 대해 북한은 신체장애를 가진 아동들이 특수 학교에만 진학해야 한다는 차별적 법이나 규정은 없다고 주장하였다. 또한 북한은 시각 및 청각 장애를 가진 아동들을 위한 11개의 학교가 장애아동과 그 보호자의 요구에 따라 설립되었다고 밝혔다. 이러한 기숙사형 학교들은 직업훈련, 수화 및 점자 교육뿐만 아니라 중등 교육을 포함한 다양한 교육 기회를 제공하고 있다고 설명했다. 북한의 보고서에 따르면, 현재 대부분의 신체장애를 가진 취학연령기의 아동들이 일반학교에 입학하여 교육과정을 이수하고 있으며 지적 장애를 포함한 모든 장애 아동들은 그들의 또래와 동등한 원칙에 따라 수학하고 있다.[97]

그러나 이러한 북한 당국의 주장과 달리, 관련 전문가들과 북한이탈주민들은

---

96 UPR18_남_2019_양강도
97 Replies to the List of issues forwarded by the Committee on the Rights of Persons with Disabilities.

북한이 포괄적이고 균등한 교육을 지향하는 것이 아니라 개별 특성화 교육을 우선시 한다고 밝혔다. 다만, 한 전문가는 북한의 교육 인프라가 부족한 상황임에 따라 포괄적 교육이 시행되는 데 한계가 있을 수 있으나 그럼에도 어떠한 형태의 교육도 받을 수 없는 교육 부재보다는 낫다는 입장을 보이기도 했다.

그러나 북한인권정보센터의 조사 결과, 북한 내 장애인들은 포괄적 교육에서의 배제가 아니라 교육 접근성 자체에서 교육 제한의 문제를 겪고 있는 것으로 나타났다. 이는 북한 사회의 일반적인 특성으로 인한 장애인 배척과 소외, 그리고 국가 차원에서의 장애인 지원 정책 미비로 인한 결과로 해석된다. 북한이탈주민의 90%가 2019년 이후 북한 내 장애인에 대한 진학 차별 여부에 대해 부정적인 응답을 보였다. 대부분의 조사 참여자들은 장애인이 학교에 진학하지 않는다고 밝혔으며, 이는 장애인을 경시하는 사회 분위기로 인해 개별 가정에서 공교육을 거부하는 경향을 나타낸다. 일부 응답자는 국가 차원에서는 장애인에 대한 진학 차별이 없다고 응답하였으나, 구체적인 진술에서는 장애인이 고등교육에 진입하는 데 장벽이 있다고 언급했다. 특히, 고등교육 진학을 위한 시험에서는 신체적 장애인이 수행할 수 없는 체육 관련 과목이 필수로 요구되어 장애인은 시험에서 탈락할 수밖에 없는 상황에 처하고 있다고 부연했다. 이러한 현실은 북한의 교육체계가 장애인들을 차별적이고 불공정한 기준선 아래 놓고 있다는 심각한 사회적 문제를 반영한다.

"장애인들은 대학 진학 못해요. 그냥 못해요. 무조건 예외가 아닌 경우에는 없어요. 예외라는 게 한마디로 김일성이나 김정은이나 뭐 김정일이가 얘 대학 공부시켜라 하는 경우가 아니면 절대 없어요. […] 우선 대학 입학시험에 체육시험이 있으니까. 체육시험이 있으니까. 체육시험이라는 게 뭐 북한에서는 있는데, 이거 턱걸이 10개 이상 해야 되고 그 다음에 1500M달리기가 있고 그 다음에 100M 달리기 있고 그 다음에

철봉 차오르기 뭐 철봉 평행봉 이거 다 해야 된단 말이에요. 그리고 이거 농구공 넣기도 있어요. 열 알 투사해서 몇 알이 들어가야 된다. 하는 것도 있어요. 그래요. 신체검사 했었는데 그게 결정적인 작용은 하지 않지 근데 어쨌든 그게 보긴 봐요. 체육시험 무조건 쳐요 거기서 다 기다리면 조금 힘들고 근데 체육 시험 칠 때 벌써 손가락 없는 애들, 손가락이 없으니까. 철봉 못하지 너 탈락. 절대 갈 수 없는 시스템이야."[98]

"장애인들 같은 경우는 학교 자체를 못 가요 안 보내요. 부모들 자체가 또 그런 것도 그런 교육을 요구도 안 하나 안 하는 거 같아요. 제가 보기에는 정부에서 그런 거는 없어요. 근데 장애인들 자체가 학교를 못가요. 저희(북한에서는)는 못 가요."[99]

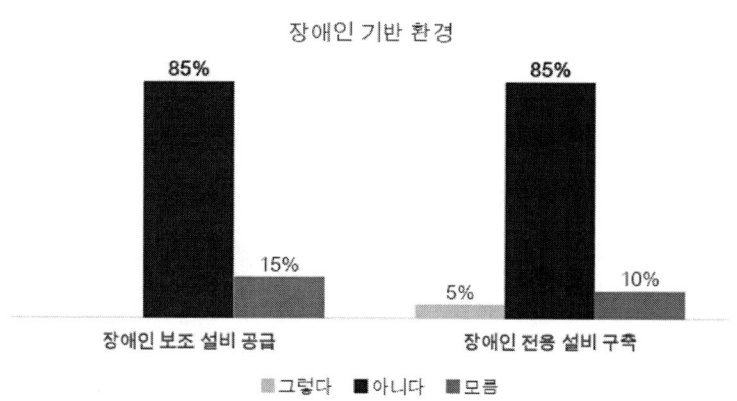

북한은 교육정책, 보건정책, 노동자 정책 등 포괄적인 국가전략과 부서별 전략으로 시골 및 외진 지역에 거주하고 있는 장애인 여성과 장애 아동을 포함한 장애인의 권리를 개선하기 위한 단계적인 국가전략과 정책을 수행하고 있다고 주장한다.[100] 그러나 북한 당국이 장애인 의료 서비스에 대해 주장하는 바와 달리, 현

---

98 UPR02_남_2022_평양시
99 UPR15_남_2019_평안남도
100 CRPD List of Issues

실은 교육과 마찬가지로 접근성이 심각하게 제한되어 있음이 확인된다. 2019년 이후 장애인 전용 특수 의료시설에 대한 조사에서 북한이탈주민의 70%가 해당 시설의 부재를 인식하거나 존재를 모르는 등 부정적인 응답을 내놓았다. 긍정적으로 답한 30%의 조사자들 역시 특수 의료시설이 존재는 인정하나 그 수가 부족하다고 언급하였으며, 이러한 시설은 주로 대도시인 평양시 등에서만 운영되고 있다고 진술했다. 더욱이 본 조사에서는 장애인이 의료시설 외에서 삶을 영위하기 위해 필요한 보조기구에 대한 공급 문제가 두드러졌다. 북한이탈주민 중 85%가 돋보기, 보청기, 휠체어 등 신체 장애인을 위한 의료 보조 기구가 국가로부터 제공되지 않았다고 단언했다. 이들은 이러한 보조 기구를 구하기 위해서는 개인이 자금을 마련해야 하며, 시장에서의 공급조차도 부족하다고 지적했다. 또한 일반 건물이나 구조 시설 내에 장애인을 위한 보조 시설 건립 여부에 대해서도 회의적이었다. 북한이탈주민 중 95%는 건물 내에 그러한 시설이 건립되지 않았거나 존재를 모른다고 응답했으며, 나머지 5%는 평양시 일부 시설에 대해 목격한 경험이 있었지만, 설비의 실효성에 대해 부정적인 반응을 나타냈다. 이러한 현실은 북한에서 장애인들이 적절한 의료 및 보조 서비스에 접근하는 데 여전히 높은 장벽이 있음을 시사한다.

"충분하진 못해요. 그것도 벌써 그게 자체는, 자체도 역시 약이 우선 없으니까. 치료가 없으니까. 부모들 자체가 그런 데를 안 보내죠 차라리 집에서 제 새끼를 그냥 치료하는 거죠. 우리가 이렇게." [101]

위와 같은 북한 사회 내 장애인에 대한 불평등한 환경 및 차별적 분위기는 때

---

[101] UPR15_남_2019_평안남도

로는 장애아를 유기하거나 살해하는 사건으로도 이어진다. 북한인권정보센터는 제1차 정례검토부터 이러한 문제를 지속적으로 언급해왔다. 본 조사에서도 부모의 허락 하에 출생 시 장애가 있는 아이를 죽이는 관행이 2019년 이후에도 계속되고 있다는 점이 확인되었다. 북한이탈주민 조사자의 대다수는 이러한 관행에 대해 어쩔 수 없다는 무력감을 나타냈다. 어려운 환경에서 장애아를 키우는 것은 낙인이 찍힌 삶을 살아가야 하는 아이나, 또한 양육울 선택을 한 부모에게도 지나치게 무거운 짐으로 여겨진다는 것이다. 북한 사회에서 장애인에 대한 편견은 여전히 심각한 상태이며, 그들은 여전히 "열등한 사람들"로 인식되고 있다. 본 조사 기간 동안 북한이탈주민들은 장애인 권리 보장에 대해 일반 주민들에게도 어려운 북한의 환경에서 취약계층인 그들에 대한 보장은 더더욱 어려울 것이라고 증언했다. 그들 중 일부는 신체와 정신적으로 건강한 사람들에게도 벅차고 어려운 환경에서는 부모의 그러한 선택이 모두를 위한 옳은 결정일지도 모른다는 말을 덧붙이기도 하였다.

"부모의 자유권인게 아니라, 그거는 원래 법적으로 누구 했다가 이 여자가 이렇게 해 가지고 아이를 죽였다고 이렇게 말하는 사람이 없고 그리고 좀 이렇게 여자가 그랬다 해서 여자를 비난하는 사람이 없어요. 왜? 북한의 환경이나 북한의 조건을 보면 애가 그때 당시 엄마 품에서 살아가지만 그 다음에 이제 앞으로 커 가지고 걔가 받을 고통이 더 심하거든요. 그니까 고통을 생각하면 대부분의 부모들이 다 생각하지요 차라리 죽는 게 낫겠다."[102]

"그러니까 뒤집어 놓는 집이 있고 없는 집이 있고 그래서 정말 차마 내 새끼를 뒤집

---

102 UPR16_여_2019_평안남도

지 못하잖아. 그래서 키우는데 너무 안타까워 점점 아이가 자라면서 이게 동네 놀림 받고 그냥 내가 창피하고 이게 자라면서 그렇기 때문에 그래서 그런 거는 국가가 데리고 가는 데가 있어요. 인체 실험으로 해 가지고 보내는 데가 있어 그런데 그냥 부모가 보내고 보내버리거든. 마음이 아파도 내가 내 손으로 죽일 수는 없잖아. 네 그럼 국가가 그런 애들을 신청을 하잖아요. 그럼 보내는데 요즘도 있어. 그러니까 부모가 거기다 신청을 하지 내 자식을 그냥 데리고 와달라고." [103]

장애인에 대한 적절한 보호가 부재된 북한의 현실은 장애인 권리에 대한 부족한 이해에서 비롯된다. CRPD(장애인 권리에 관한 유엔 협약) 비준 및 재활 시설 확충과 같은 피상적인 변화에도 불구하고, 북한 사회 내 장애인 인식 및 대우와 관련한 실질적 변화는 2019년 이후에도 미진한 것으로 확인되었다. 북한의 세 번째 정례 검토 시기 동안, 북한 당국은 장애인의 권리와 관련된 다수의 권고안을 수용하였다. 국제사회와의 다양한 메커니즘을 통해 장애인을 위한 권리 보장 및 관련 설비 확충에 대해서도 약속하였다. 그러나 이러한 노력이 명시적 행위에 그치지 않고, 북한 내 장애인의 실질적인 삶과 권리 개선으로 이어지기 위해서는 실질적 추가 조치가 필요하다. 장애인의 삶의 질을 향상시키기 위해서는 보조기구의 공급과 시설의 확충이 필수적이다. 장애인들의 교육 및 의료 서비스에 대한 접근성을 보장할 수 있는 정책을 더욱 강화하고 확대하는 것 또한 요구된다. 특히 지적, 정신적 및 사회적 장애가 있는 사람들을 포함하여 장애인들이 사회적인 경시나 낙인으로부터 자유로울 수 있도록 당국 차원의 적극적인 조치가 선행될 필요가 있다. 장애인의 권리와 삶의 질을 향상시키기 위해서는 국제표준의 준수뿐만 아니라 국내에서 실질적으로 이를 실현할 수 있는 체계적이고 효과적인

---

[103] UPR17_여_2019_양강도

정책과 실행이 절실히 요구된다.

본 정례검토 기간 동안 장애인 권리와 관련하여 북한 당국이 표명하는 열의와 실제 사회적 인식 사이에 현저한 간극이 확인되었다. 국가단위의 정책시행과 풀뿌리 의식 간의 차이는 북한의 사회문화적 한계 내에서 가시적인 변화를 꾀하는 것에 큰 어려움이 따름을 시사한다. 이러한 괴리는 북한 내 장애인들의 일상을 심도 깊게 확인하고 이를 구체적으로 개선하는 데 당국의 정책이 초점을 맞추어야 할 필요성으로 이어진다.

III. 시민적, 정치적 권리

III. 시민적, 정치적 권리

• 수용된 권고안

126.46 독립적인 사법부 기능을 보장하고, 절차 보장과 자유롭고 공정한 판결을 전적으로 보장할 수 있도록 형법 및 형사소송법을 개정한다.(코스타리카)

126.74 국내법을 전면 검토하여 조선민주주의인민공화국이 당사국인 국제인권조약에 명시된대로 인권을 증진하고 보호할 수 있는 법적 틀을 강화한다.(라오스)

126.75 국제 인권 표준에 맞춰 국내법을 지속적으로 정비한다.(러시아)

126.76 인권 보호와 증진을 위하여 국내 법적 틀을 개선하려는 노력을 지속한다. 이는 국민이 자신에게 부여된 권리를 완전하게 향유할 수 있도록 하기 위함이다. (시리아)

126.83 시민 모두가 시민적, 문화적, 경제적 및 사회적 권리를 향유할 수 있도록 보장하는 조치를 추가적으로 취한다.(오만)

126.103 사회 계층, 종교 또는 정치적 의견을 사유로 차별하지 않도록 사법 조치를 취한다.(온두라스)

126.113 시민적·정치적 권리에 관한 국제 규약에 따른 의무를 다하고, 국민이 표현의 자유, 정보 접근, 국내외 여행을 포함하여 시민적 권리와 정치적 권리 모두를 행사할 수 있도록 한다.(이탈리아)

126.114 시민적·정치적 권리에 관한 국제 규약에 따른 의무를 다하고 국민이 표현의 자유, 정보 접근, 여행 등을 포함하여 시민적 권리와 정치적 권리 모두를 행사할 수 있도록 한다.(크로아티아)

126.135 조선민주주의인민공화국 시민 모두가 자유롭게 국내외를 이동할 수 있도록 한다.(프랑스)

126.136 사상, 양심 및 종교의 자유권을 존중하며, 이를 위해 종교나 신념을 근거로 자행되는 모든 형태의 박해를 방지 및 철폐하며, 사회 내 종교적 관용과 대화를 촉진한다.(그리스)

126.137 기독교인을 비롯하여, 기타 종교 사회나 무리에 속한 이들이 처벌, 보복 또는 감시에 대한 두려움없이 독립적이고 공개적으로 자신의 종교 활동을 할 수 있도록 허용한다.(아일랜드)

126.138 시민적·정치적 권리에 관한 국제 규약에 명시된 표준에 맞도록 특히 표현의 자유와 정보 접근을 고려하여 법과 국내 정책을 검토한다.(코스타리카)

126.139 언론의 자유와 표현의 자유에 관한 국제 표준에 맞춰 법과 관행을 개혁한다.(그리스)

126.140 국제 표준에 맞춰 정보의 자유를 보장하도록 관련법을 도입한다.(그리스)

126.141 표현의 자유와 언론의 독립성을 보장한다.(룩셈부르크)

126.142 정보권과 표현의 자유권을 보장한다. 이를 위하여 구두, 필기 또는 인의 형태로 정보와 사상을 추구하고, 접수하며 전달하는 자유를 보장한다.(멕시코)

126.143 시민사회단체가 감시, 체포 및 기타 형태의 처벌에 대한 두려움 없이 독립적으로 기능할 수 있는 환경을 조성한다.(폴란드)

126.144 의견과 표현의 자유와 사생활권을 증진한다.(이라크)

연대기적으로 북한의 인권 개선 노력을 살펴볼 때, 북한은 시민적·정치적 권리에 대하여 최소한의 협력만을 제공하고 본 권리 보호에 소극적인 모습을 보인다는 점이 일관되게 나타난다. 이러한 북한의 폐쇄적 입장은 인권 관련 주요 국제 협약인 '시민적·정치적 권리에 관한 국제협약(ICCPR)' 비준을 철회하려던 과거 시도에서 명백하게 드러난다. 북한의 ICCPR 철회 시도는 당국의 체제유지가 국제사회의 기준에 부합하여 국민의 시민적·정치적 권리를 보장하는 것보다 월등히 우선됨을 시사한다.

북한은 국가체제를 구축함에 있어 국민 대다수를 통제의 대상으로 삼아왔으며, 이러한 체제는 그 수립 이후에도 지속적으로 유지되고 있다. 이 통제 체제 아래에서는 집회, 표현, 결사의 자유가 엄격히 제한되며, 더 나아가 종교적 활동과 이동의 자유도 엄격한 규제의 대상이 된다. 이는 북한 주민들에게 상당한 제약을 가하며, 결과적으로 개개인의 인권과 자유가 현저히 제한되고 있다. 그러나 북한은 최근 세 번째 정례검토를 통해 위 권리를 포함하는 권고안들을 수용하며 변화에 대한 의지를 표명했다. 특히 북한 당국은 "집회, 표현 및 결사의 자율성을 증진하고 보장하라"는 권고안과 "국민의 자율적 이동을 보장하라"는 권고안을 다수 수용하였다. 이와 더불어, 북한은 당국의 종교 금지 입장과 대치되는 "자율적 종교활동을 허용하라"는 권고안을 이례적으로 수용하는 등 기존의 폐쇄적 정책의 개선을 약속하였다.

그러나 북한의 이중성은 주민 통제를 강화하는 법률과 경제 및 사회문화적 권리를 강화하는 법률을 동시에 제정하는 데에서 명백하게 드러난다. 본 정례검토 기간 동안 북한은 자국의 형법과 형사소송법에 '시민적·정치적 권리에 관한 협약' 내용을 반영하여 부분적으로 법률을 개정하였으며, 사법당국에 의한 임의적 법 집행에 대한 처벌 강화 조치도 시행하였다. 기존의 형법 제241조(강제수단 비법 적용죄)는 법일꾼이 비법적으로 사람들을 체포, 구속, 구인하는 등의 행위를 한 경우 2년 이하의 노동단련형에서 1년 이하의 노동교화형으로 강화되었다. 여기서 노동교화형은 노동단련형보다 강력한 처벌이다. 또한 형법과 주민통제에 관한 법률 등에서 국제사회의 인권문제 제기에 대한 대응으로 일부 형벌을 폐지하거나 형량을 낮추는 등의 개정이 진행되기도 하였다. 그러나 이와 동시에 국경에 대한 통제 강화, 외국인 출입제한과 처벌 강화, 사생활 침해 문제는 유지 혹은 심화되는 등 현재 북한의 사법체계는 모순적이고 이중적인 상태에 놓여있다.

또한 북한 당국은 본 정례검토 기간 동안 인권보호를 위한 추가적인 법률조항 신설과 함께 구타행위방지법(2021), 해외동포권익옹호법(2022)과 같은 인권과 관련된 법률을 새로이 제정하였다. 2021년 제정된 폭행방지법에서는 폭행의 구체적인 행위와 관련 수단의 범주를 분명히 명시하고 있다. 해당 법률에 따르면 "폭행"이란 "난폭하게 사람을 때리거나 치는 행위"로 정의된다. 구체적으로는 때리는 행위, 긁는 행위, 꼬집는 행위, 쥐어짜는 행위, 당기는 행위, 비트는 행위; 발로 차는 것, 누르는 것, 목을 조르는 것, 밀어 넘어뜨리는 것, 떨어뜨리는 것, 이로 무는 것, 물이나 기타 액체에 잠기게 하는 것, 머리카락을 포함한 몸의 일부를 잡아 흔드는 것; 돌이나 흙과 같은 물체로 때리거나 찌르는 것을 포함한다. 폭행 가해자는 최대 3개월의 노동교화형을 선고받을 수 있으며, 미성년자나 임산부에 대한 폭행의 경우 3개월 이상의 노동교화형으로 보다 중형을 선고받을 수 있다. 또한 폭행을 방관한 경우에도 무급노동, 해고, 강등에 처해질 수 있다고 명시하고 있다.

제3차 정례검토에서 북한은 "정보와 표현의 자유를 보장하고, 구술, 서면, 인쇄 매체를 통해 정보와 아이디어를 찾고, 사용하며, 보급하는 자유를 보장해야 한다"는 권고안을 수용했다. 북한은 이에 북한의 헌법이 언론, 출판, 집회, 결사의 자유(제67조)와 종교의 자유(제68조)를 명백하게 보장하고 있다고 주장한다. 표현의 자유는 국가안보와 공공복리에 대한 위협이 될 시기에만 '시민적 정치적 권리'에 관한 협약의 요구에 반해 한정적으로 제지될 뿐이라고 말한다. 또한 북한의 헌법 제75조는 거주와 여행의 자유를 보장하고 있으며, 북한은 이러한 당국의 법률에 맞추어 "'조선민주주의인민공화국'의 인민들이 국내와 해외를 자유롭게 이동할 수 있도록 허용하라"는 권고안을 수용하였다. 그러나 본 정례검토 기간 동안 이러한 북한 당국의 법률 및 수용된 권고안은 실질적으로 이행되지 않은 것으로 보인다.

　북한인권정보센터가 진행한 조사에 따르면, 북한 당국이 이러한 시민적·정치적 권리와 관련된 권고안을 수용한 것은 지난 1, 2차 정례검토 시기와 마찬가지로 정책 수단으로서의 대외적 표명에 불과하다. 북한이탈주민을 대상으로 진행한 2019년 이후 시민적·정치적 권리의 개선 여부에 대한 포괄적 조사에서 이러한 북한 당국의 약속이 명시적 행위에 불과했다는 사실이 극명하게 드러났다. 2019년 이후 북한 당국로부터 집회, 표현 및 결사의 자유 및 종교의 자유가 보장되었느냐는 질문에 모든 북한이탈주민 조사자는 부정적으로 답했다. 이동의 자율권 보장 역시 75%에 달하는 대다수의 조사자가 자율성이 보장되지 않는다고 표명했다.

　다만, 이동의 자유의 경우 25%의 북한이탈주민 조사자가 2019년 이후 지역 간 이동에서 자율성이 증진되었다고 응답했는데, 이는 북한 당국에 의한 정책적 완화에 기반한 것이 아니라 지속된 경제난으로 인해 나타난 사회적 현상임이 확인되었다. 북한 당국의 국민을 대상으로 한 국내외 이동 제약은 북한 통제 체제의 핵심 부분 중 하나이다. 북한 주민이 다른 지역을 여행하기 위해서는 국가로부터 여행 허가를 받아야 하며, 해당 지역 관리 기관에 목적을 명시하고 허가서류를 발급해야 한다. 이로써 북한 주민의 이동권은 엄격하게 제한되어 있었으며, 이러한 제약은 2019년 이후에도 변화가 없다는 점이 북한이탈주민 조사자들의 공통된 증언이다. 그러나 이들 중 일부는 시장경제의 성장과 국가 기관 소속 공무원들이 국가로부터의 배급에 비해 뇌물 등을 통한 생계 유지에 의존하는 경향이 심화되면서, 이동권의 제약이 뇌물을 통한 물질적 지원을 통해 일부 완화되었다고 부연하였다. 뇌물을 지불하면 구체적인 목적과 경위서를 제출하지 않아도 이동과 관련된 서류를 발급받을 수 있으며, 돈이 있는 경우 검토 기간 동안 다른 지역으로 자유롭게 이동하거나 이주할 수 있다는 것이다. 하지만 이러한 변화를 북한 당국이 수용한 "자유로운 국내외 여행" 보장의 이행으로 보기는 어렵다. 북한 주민의 이동권 확대는 주로 국가 부패 구조와 뇌물에 의한 결과로 이해되며, 경제적 지원이 있는 소수 계층에만 조건적으로 부여되는 제한적인 자율권으로 이해하는 것이 타당하다.

"그러니까 규정은 같은데, 내가 좀 이렇게 하면 해결되는 게 많고 쉬워졌지. 옛날에 어디 보위지도원 승인받고 어디서 뭐 받고 어디서 뭐 받고 평정서 받고 이렇게 하니까 정말 내가 딱 가야 되는 사람이어야 했잖아요. 근데 지금은 내가 결심하면 갈 수도 있거든. '내가 평성 가서 살고 싶다.' 그러면 평성 가면 돼, 내가 이유를 만들면 되니까. 근데 옛날에는 그렇게 못 했어. 이유를 봐야 되고 했는데, 지금은 다 말로 만들지.(이유 만들기) 쉬워요, 지금."[104]

"쉬워요, 이제는 돈만 주면 통행증은 바로 나와요. 도에서 도로 이동하는 것도 주민등록증 하나만 되거든요."[105]

특히 이동권의 범주는 국내 북한 주민의 이동뿐만 아니라 해외로 파견된 북한 해외노동자들의 자율적 이동까지도 포함되어야 한다. 이와 관련하여, 본 정례검토 기간 동안 북한의 해외노동자들에 대한 통제가 더욱 심해진 것이 확인되었다. 유엔과 미국은 북한의 해외노동자들이 약 10만 명에 이를 것이라 추정한다.[106] 유엔 안전보장이사회 결의안은 2019년 말까지 해외노동자들의 송환을 요구하였

---

104 UPR17_여_2019_양강도
105 UPR18_남_2019_양강도
106 U.S. Department of the Treasury, "North Korea Sanctions," accessed December 10, 2023, https://ofac.treasury.gov/sanctions-programs-and-country-information/north-korea-sanctions.

으나,[107] 당시 코로나-19로 인한 팬데믹으로 북한이 국경을 봉쇄하면서 해외노동자들은 자국으로 돌아갈 수 없었다. 결과적으로 북한의 해외노동자들은 타국에 갇혀 고향으로 돌아갈 수 없는 상황에 처하게 되었으며, 이는 북한 해외노동자들의 한국 입국 증가로 이어지게 되었다.

북한은 당국에서 공식적으로 파견한 북한 주민들의 이동의 자유를 제한하는 것뿐만 아니라, 북한을 떠나고 싶어 하는 주민들의 이동의 자유까지도 침해하고 있다. 2020년 팬데믹 시기에 김정은 정권은 외부정보, 무역기회, 북한 주민들의 잠재적 탈북을 막기위해 북-중, 북-러 국경 지역의 감시를 강화하였다. 이에 따라 국경지대의 철조망, 벽, 경비초소와 같은 국경지대의 장벽이 확장되거나 추가적으로 건설되었으며 이는 상업용 위성사진분석에 의해 확인되었다.[108] 이러한 조치는 외부 정보와 관련 상품의 유입을 제한하고, 해외 문물의 침투를 막으며 국경을 통한 인구의 이동을 저지하기 위함으로 분석된다.

일부 제약의 완화가 증언된 이동권 역시 북한 당국에 의한 국가 차원의 자율권 증진은 여전히 요원한 것으로 확인된 가운데, 집회, 결사의 자유 및 종교의 자유는 사적 뇌물을 매개로 사용하여도 개별적인 증진이 불가하도록 강력한 국가 통제 아래 놓여 있는 것이 확인된다. 북한이탈주민 조사자들의 응답에서 확인할 수 있듯이, 이러한 자유들은 여전히 국가의 엄격한 감시와 제재 아래에 있으며, 개별 경제력만으로는 개선이 어려운 현실을 보인다.

북한의 세 번째 정례검토 시기 동안 북한은 "개인의 종교의 자유를 보장하라"는 권고안을 수용하였다. 북한의 헌법에도 이러한 종교의 자유는 개인의 기본적 권리와 시민의무로서 명시되어 있다. 그러나 반제국주의를 표방하는 북한에서

---

107 UN Security Council, "Adopted by the Security Council at its 8151st meeting, on 22 December 2017," S/RES/2397(2017).
108 Josh Smith and Sudev Kiyada, "North Korea spent the pandemic building a huge border wall," 「Reuters」, 2023.05.27.

제국주의 이데올로기의 일부로 간주되는 종교는 엄격히 금지된다. 김씨 정권으로 대표되는 최고 지도자의 인격과 우상 숭배에 기반한 북한 체제 아래에서 종교는 체제 생존에 가장 큰 위협으로 간주되며 종교 활동은 반국가 행위로 취급되어 북한 주민의 종교에 접근이 사실상 전면 금지되어 있다. 따라서, 북한 정권이 헌법 상 종교의 자유를 보장한 것과 북한의 세 번째 정례검토에서 "공개적이고 독립적인 종교활동을 허용하라" 등의 권고안을 수용한 것은 대부분 국제사회와의 소통을 위한 형식적 조치로 해석된다. 북한은 종교에 대한 차별이 없다고 주장하고 있으나, 북한 당국이나 언론에서 종교의 자유와 관련된 언급은 전혀 없다. 북한 당국은 개신교 봉수교회, 칠곡 교회, 장충 성당 등의 존재를 들어 종교의 자유가 북한 주민에게 부여되고 있다고 주장하지만, 이에 대한 북한이탈주민의 조사 응답에서 보이는 바와 같이 실제로는 2019년 이후에도 주민들에게 종교는 전면적으로 금지되어 있는 등 당국의 주장과 상반된 현실이 확인된다.

더하여, 북한인권정보센터는 "종교나 신념을 근거로 자행되는 모든 형태의 박해를 방지 및 철폐"하라는 권고안과 관련하여 종교 관련 처벌 실태를 확인하기 위해 북한 내부 사회 및 외부 정보 유입 전문가와의 자문 조사를 진행하였다. 이에 대하여 그는 2019년 이후 공개된 종교 관련 처벌 및 박해 사례는 확인된 바 없다고 증언하며, 북한 정권의 수립 시기부터 "종교"에 한해서는 대대적인 박해가 진행되어 왔기에 그 가능성이 말살되었을 확률이 높다고 주장했다. 종교와 관련한 박해 수위가 낮아진 것이 아니라, 이에 대한 처벌 수위가 과도하게 높은 현실이 오래 지속된 결과로 북한 내부적으로 이러한 의식 자체가 사라졌다는 해석이다. 일부 북한이탈주민 조사자들이 북한에 종교의 자유는 전면적으로 금지되어 있다고 증언하며 부연한 "북한에는 종교가 없다"는 표현은 이러한 분석을 뒷받침한다. 국제사회가 북한에 권고한 "개인의 종교의 자유 보장"과 전면적으로 대치되는 양상으로 2019년 이후 북한 사회에서는 종교의 자유가 실질적으로 보장되지 않을 뿐만 아니라 종교의 존재 자체가 소멸되어가고 있다고 볼 수 있다.

미국은 종교의 자유를 심각하게 위반하거나 차별을 용인하는 국가를 특정할 수 있도록 1998년에 제정된 국제종교자유법에 근거하여 북한을 2001년 이후부터 종교자유 특별우려국으로 지정하였다. 가장 최근인 2024년 1월 4일, 미국 국무장관은 북한을 종교자유 특별우려국가로 다시 한번 지정하였으며 이는 22년간 지속되어오고 있다.[109]

북한 주민들의 집회 및 결사의 자유는 종교에만 국한되어 제한되지 않는다. 북한 주민은 노동당의 허가를 받지 않는 모든 형태의 결사에 대해 강도 높은 통제를 받으며, 이는 앞서 제시된 북한이탈주민 조사자 100%의 집회, 표현 및 결사의 자유에 대한 부정적 응답에서 확인된다. 북한 당국은 조선직업총동맹과 조선사회주의여성동맹과 같은 단체들을 언급하며 북한에도 집회 및 결사의 자유가 있다고 주장한다.[110] 북한 당국은 이러한 단체들을 매체선전 전면에 내세워 이들이 조선노동당의 결의안 이행과 같은 북한 당국이 개선해야할 안건이나 의제에 기여하는 역할을 수행한다고 보도하며 집회 및 결사의 자유가 보장되는 것으로 묘사한다. 본 정례검토기간 동안에도 조선중앙통신은 청년단, 노동조합, 농업노동자동맹, 여성동맹이 "인민들의 전투의지를 더욱 높이기 위한 홍보 및 동기부여활동"을 실시했다고 보도했다.[111]

북한 정권의 입장에서 이러한 공식적 조직 활동 이외 사적으로 조직된 집회 및 결사 활동은 체제에 대한 저항 및 반국가범죄로 간주되며, 이에 따라 북한 주민들의 집회 및 결사의 자유는 현재까지도 철저히 박탈당하는 것이 그 실태이

---

[109] Antony J. Blinken, Secretary of State, "Religious Freedom Designations," U.S. Department of State, 2024.01.24. https://www.state.gov/religious-freedom-designations/

[110] Replies to the List of issues forwarded by the Committee on the Rights of Persons with Disabilities.

[111] "Working People's Organizations in Nampho Municipality Conduct Agitprop Activities," 「KCNA」, 2024.01.21.

다. 북한 당국이 세 번째 정례검토 시기 수용한 시민적·정치적 권리와 관련 권고안 중 다수는 "국민의 의견 및 표현의 자유를 보장"하라는 표현의 자유 보장을 포함한다. 북한인권정보센터는 이에 집회 및 결사의 자유 외에 표현의 자유에 대한 실태를 확인하기 위해, 2019년 이후 북한 사회가 개인의 의사표현을 자유롭게 나눌 수 있는 환경으로 과거보다 개선되었는 지 조사하였다. 조사 기간 동안 북한이탈주민 대상자 대부분인 90%는 북한 내부의 전반적인 사회 풍조는 물론 2019년 이후 탈북 이전까지 개인의 경험에 기반하여서도 그러한 표현의 자유는 보장되지 않았다고 응답하였다. 이는 북한 사회에서 아직까지도 개인의 의사표현이 제한되고 있는 현실을 나타낸다. 반면 10%에 해당하는 응답자는 북한 사회 내 개인의 의사표현을 제한하는 풍조는 없으며, 자신이 의사표현을 할 때 어려움을 겪은 경험이 없다고 주장했다. 그러나 이 소수의 응답자는 북한 사회에서 고위 공직에 종사하여 개인의 사회적 지위에 근거해 이러한 어려움을 경험한 적이 없거나, 세부 진술을 통해 국가 기관 및 정치와 관련된 의견이 아닌 보다 일반적인 의견에 대한 증언이었음이 확인되었다. 이러한 소수의 응답은 되레 국가 및 정치 기관에 대한 공개적인 비판의 어려움을 강조한다. 더하여, 추가적으로 진행된 국가 및 정치기관 공개비판 가능여부에 대한 질문에 북한이탈주민 조사자의 100%가 불가능하다고 응답한 점은 북한 사회 내 표현의 자유가 철저히 제한된 환경이 지속되고 있음을 반증한다.

"정치적 문제를(이야기)하면 안 되지. 정치적 문제를 말하면 나는 그 자리에서 모가지고(날아가고)… 언론의 자유라는 게 내가 하고 싶은 말 못하는 건 아닌데 정부를(힐)뜯거나 아니면 정부에 대한 험담을 하거나… 그래서 우리는(왜) 이렇게 살까 의문이라든가, 이런 거에 대해서 논하면 안 되지. 근데 일반적으로 말하는 건 괜찮지."[112]

"말을 못하죠, 일단 우리 가정에 어떤 불이익이 있을까봐… 말을 잘못함으로서 사건이 되고, 거기(북한)는 나랑 같이 앉아서 얘기를 해도 서로가 서로를 이렇게 감시하는 시스템이잖아요. 그래서 누가 보위부 요원인지 다 알아요. 그러니까 그런 사람들하고 얘기할 때 자연히 조심스럽게 되고, 생활하기 진짜 무서운 게 분위기 흐름 자체가 이렇게 혁명적으로 가는데 동조 그런 거 있잖아요. 이 집단 분위기 따라가야지(안 그러면) 나 혼자 이상한 놈 되고 그니까 조심 다 하죠."[113]

본 정례검토 기간 동안 북한은 "사회계급, 종교, 정치적 의견에 따른 차별을 방지하기 위한 입법 조치를 취하라"는 권고안을 수용하였다. 북한의 VNR에 따르면 북한 당국은 성별, 인종, 직업, 거주 기간, 재산, 지적수준, 정당, 정치적 견해 및 종교에 따른 차별이 없다고 주장한다. 북한은 VNR에서 "국가는 합법적으로 모든 활동 분야에서 인민에게 동등한 권리를 보장하며, 군 복무자를 포함한 17세 이상인 사람들은 성별, 인종, 직업, 거주 기간, 재산, 지식, 정당 가입, 정치적 견해, 종교에 대한 차별 없이 투표권과 피선거권이 있다. 투표권, 피선거권, 노동권 및 학습권 등 가능한 모든 정치적 자유와 사회 경제적 권리를 제공하며, "양성평등조례"(1946년 7월 30일 채택)와 "장애자보호법"(2003년 6월 18일 채택), "여성권리보장법"(2010년 12월 22일 채택), "아동권리보호법"(2010년 12월 22일 채택)에 따라 모든 불평등 요소를 근절하기 위해 조치를 강화한다."고 구체적으로 밝혔다.[114]

---

112 UPR17_여_2019_양강도
113 UPR19_여_2019_양강도
114 Voluntary National Review, p. 34.

그러나 시민적·정치적 권리와 관련하여 북한 당국이 주장한 바와 달리, 본 정례검토 시기에 수용한 권고안이 당국 차원에서 이행되지 않은 사실은 북한이탈주민의 증언 뿐만 아니라 다양한 근거를 통해서도 확인된다. 특히, 북한 당국은 해당 기간에 "국민의 의사표현의 자유"와 함께 "시민의 정보 접근성 허용 및 확대"와 관련된 권고안을 수용한 바 있다. 그러나 2019년 이후부터 2023년까지 북한 당국이 새로이 제정한 반동사상문화배격법(2020), 청년교양보장법(2021), 평양문화어보호법(2023) 등은 이러한 권고안을 전면적으로 위배한다.

북한인권정보센터가 진행한 자문에서 북한 내부 사회 및 외부 정보 유입 전문가는 최근 제정된 일련의 법률에 대하여 북한 당국이 한류 및 외부 정보 유입을 긴급하게 막아야 할 위험으로 인식하고 있기 때문이라고 설명하였다. 각 법안의 세부 사항에 최대 '사형 및 공개처형'이라는 처벌 수위를 공식적으로 명시한 점은 외부 정보 접근에 대한 국가 차원의 강도 높은 통제를 나타낸다. 전문가에 따르면, 북한 정권은 외부 정보 유입을 통한 주민들의 의식 개선 및 체제 이탈에 대해 강한 우려를 가지고 있으며, 그에 따라 북한 내 정보 접근에 대한 권리를 제한하는 방향으로 국내 법안을 강화하고 있는 것으로 사료된다. 이는 북한 당국이 국제사회에 표명한 바와 달리 외부 정보를 통제하여 체제의 안정성을 유지하려는 기조를 본 검토 기간 동안 지속적으로 유지했을 뿐만 아니라 더욱 강화하고 있음을 시사한다.

특히 반동사상문화배격법 제정 이후 북한에서는 주민들의 외부 정보 접근성 통제 조치가 더욱 세밀하게 이루어지고 있다. 이 법의 시행으로 외부 전파 탐지 기기의 설치 간격이 대폭 축소되었으며, 특히 북·중 국경지역에서는 중국산 핸드폰 사용에 대한 적발이 쉽게 이뤄지게 되었다. 이는 중국산 핸드폰을 통한 북한 내부로의 정보 유입이 강도 높게 제한되고 있음을 나타낸다. 전문가는 또한 북한 당국이 밀수 기기 단속 및 외부 접속 차단 프로그램을 강화하여 한류 콘텐츠 향유에 대한 모든 움직임을 통제하는 형태로 발전하고 있다고 설명했다. 외부정보 검열 조직인 '109 상무'가 부패하면서 새로운 특별 조직이 구성되었으며, 이에는 IT 전문가들이 대거 참여하고 있다고 밝혔다. 그는 북한 당국이 이러한 새로운 조직을 이용하여 가택수사를 통해 외부 저장매체나 컴퓨터 로그 기록을 검열하고, 거리 내 주민들의 휴대폰을 불시 검열하여 관련 기록을 조사하고 있다는 점이 확인되었다고 전했다. 검열 조직의 강화 외에도 북한은 일정 분기별 생활총화 개최를 강화하여 주민들에게 통제 의지를 계속해서 강조하며, 지속적인 행정적 조치를 부가적으로 시행 중이라고 전문가는 부연했다. 이에 따라 북한 주민들의 외부 콘텐츠 노출이 점차 어려워지고 있으며, 결과적으로 본 검토기간 동안 외부정보에 대한 북한 주민들의 권리 침해 정도가 더욱 심화되고 있는 상황이라는 것이다.

북한인권정보센터는 북한이탈주민 조사자들에게 2019년 이후 북한 당국에 의해 새로이 제정된 법률 및 정책이 국민들에게 투명하게 공개되는 지 여부를 질문하였다. 응답자의 60%는 해당 정보를 공유하지 않는다고 답변하며, 국가 기관에 의한 검열이나 처벌 사례 목격을 통하여 관련 처벌 조항에 대한 구체적인 내용을 어렴풋이만 알게 된다고 밝혔다. 나머지 응답자의 40%는 북한 당국로부터 관련 정보가 공개된다고 답했으나, 그들은 이러한 정보의 전달이 협박적인 성격을 띠고 있다고 설명했다. 특히, 엄격한 통제 및 처벌 조항이 도입되면서 일반 국민의 행동 반경이 제한되는 경우에 한하여 해당 정보가 공개된다는 것이 확인되었다. 이는 정권에 의해 통제력이 강화된 법안 및 정책에 한해 정보가 공개되고 있음을 시사한다.

"알려주고 있어요. 우리한테 되게 유리한 법은 그냥 흘려보내고요. 비법(불법) 같은 거 있잖아요. 장사, 그리고 지금(우리가) 하고 있는, 우리한테 불리한 거는 되게 많이 협박하는 식으로 얘기를 하거든요."[115]

"우리 평백성들한테 유리하고 이런 거는 될수록 아예 말 안 주고, 다 불리한 것만 (얘기하죠).(주민들에게) 불리하고 위협적인 것만 알려주고…. 왜, 어떤 법률이 생긴 걸 우리가 알고 있으면 일단은 뭐든 일이 터져도 대들고 싸움하고 이러니까 그렇죠. 우리한테 유리한 걸 들이댄다든가 그런 건 전혀 안 해. 안 주고 우리한테 불리하고 '이런 걸 하면 안 된다' 이런 것만 얘네가 우리한테 이야기해 주죠."[116]

북한이탈주민의 조사 결과를 토대로 보면, 2019년 이후 제정된 반동사상문화배격법, 청년교양보장법 및 평양문화어보호법은 북한 주민들 간에 공유되어 그들의 행동에 제약을 가하고 있거나 적어도 처벌 사례로서 주목받고 있는 것으로 보인다. 이러한 추측은 북한인권정보센터와의 자문에서 전문가가 제시한 북한 내부의 변화에 관한 정보와도 부합한다. 해당 전문가는 이러한 법률이 제정된 이후 북한 내부에서 외부 정보 유입이 감소되고 있는 경향을 설명하며, 특히 USB, SD카드 등을 통한 기존의 정보 전달 방식이 어려워지고 있다고 언급했다. 이로 인해 정보의 확산 범위가 축소되고, 북한 내에서의 관련 정보 유포 및 확산 속도가 둔화되고 있다고 분석했다. 또한, 청년교양보장법 및 평양문화어보호법과 같은 법률은 정보의 소비뿐만 아니라 일반 주민들의 행동 양식까지 통제하는 내용을 담고 있다. 이에 따른 처벌이 시행되면서 본 검토 기간 동안 오히려 과거보다 더 많은 주민들이 개인의 언행이나 행동에 대해 조심하는 경향이 강화되고 있다고 전문가는 부연했다. 이러한 경향은 당국이 의도하는 방향으로서, 북한 주민들이 자발적으로 소통 창구를 닫고 있으며, 북한 사회 내부의 정보 유통 흐름이 경직되고 있다고 해석된다.

---

115 UPR08_여_2019_양강도
116 UPR18_남_2019_양강도

비록 북한 당국이 강력한 통제를 시행하고 있지만, 북한 내부에서는 여전히 노력과 창의성을 발휘한 활동이 이루어지고 있다. 북한의 VNR에 따르면 "2017년 기준, 15세~49세 휴대전화 가입자 중 남성의 비율이 55.7%, 여성은 47.9%였다."[117] 북한은 가상현실(VR)교육 체험 시스템, 인공지능과 증강현실(AR)기술을 통합하고 있다고 밝히며,[118] IT 개발이 우선순위 중 일부이며 "통신 인프라의 기술 현대화가 향상되고 이동 통신 기술이 발전하여 차세대 환경으로 전환될 것이다."라고 말했다.[119] 이러한 북한의 공식 발표는 북한 내 IT 인프라 및 기술 현대화가 지속적으로 이루어지고 있음을 반증한다. 이와 관련한 전문가의 정보에 따르면, 이러한 발전된 기술 획득에 따라 개별 북한 주민에 의한 휴대전화 및 태블릿 PC를 활용한 우회프로그램 개발이 진행되고 있으며, 적어도 이와 관련하여 10개 이상의 자체 프로그램이 개발되고 있다고 추정된다. 국가에서 제공하는 경제 관련 빅데이터가 부족한 상황에서, 해외에서 활동하는 무역종사자로부터 최신 자료를 얻거나 공유함으로써 실질적인 정보를 확보하려는 움직임 또한 두드러진다. 일상의 영역에서도 화려한 춤을 가르치지만 '한국 춤'이라는 용어를 사용하지 않고 단지 북한 노래의 화려한 부분을 틀어 놓고 몸짓은 한국의 양식을 활용하고있는 것으로 나타났다. 해당 전문가는 이러한 활동들이 북한 당국의 강화된 단속에 노출되지 않도록 주의를 기울이면서, 앞으로도 계속해서 발전하고 변형해 나갈 것으로 예측했다. 동 기간 동안 실시된 강력한 통제에도 불구하고, 북한 주민들의 이러한 다양한 시도는 자신들의 표현과 정보의 자유를 지속적으로 추구하려는 열망으로 해석이 가능하다.

그러나 근본적으로 북한 당국는 본 검토기간 동안 국제사회와의 약속을 이행

---

117 Voluntary National Review, p.24.
118 "At the forefront of educational revolution in new century," 『Pyongyang Times』, 2024.01.24.
119 Voluntary National Review, p. 48.

하지 않고, 오히려 국내 법안을 새로이 제정하여 국민들의 통제를 강화하는 행보를 보였다. 이는 북한 주민들이 계속해서 검열과 처벌의 위험에 노출되며, 그들의 보장받아야 할 표현 및 정보 접근의 자유가 침해되고 있다는 현실을 의미한다.

북한 당국이 국제적 표준을 준수하는 인권에 관한 법률 제정 및 이행 여부와 별도로, 북한 내부에서 제정된 사법 기준에 따라 북한 주민들에게 적절한 법적 근거를 제공하고 사법 절차를 공정하게 이행하는 것에 대한 논의 역시 필요하다. 북한의 세 번째 정례 검토 기간 동안, 북한 당국은 "사법부 기능을 보장하고, 절차 보장과 자유롭고 공정한 판결을 전적으로 보장하라"는 권고안을 수용하였다. 이로써 북한은 국내 법률에 명시된 법적 절차를 적법하게 준수하고, 국민들에게 형사 및 사법 절차를 공정하게 시행할 것을 국제사회와 약속하였다. 이러한 결정은 북한 당국이 국제적인 인권 표준을 따르는 동시에 국내적으로도 사법 절차와 공정한 판결에 대한 책임을 갖는다는 측면에서 유의미하다. 이는 북한 주민들에게 법률적 보호와 권리를 보장하며 국내 법체계를 더욱 투명하고 효율적으로 운영하겠다는 북한 당국으로부터의 공언이었다.

그러나 북한인권정보센터가 진행한 조사는 본 검토 기간 동안 그러한 약속이 이행되지 않았음을 보인다. 이 조사에 참여한 북한이탈주민 중 80%는 2019년 이후에도 형사사건이 국내 사법절차에 의해 공정하게 처리되지 않는다고 응답했다. 특히 체포영장 및 구금결정서와 관련된 기본적인 법적 절차에 대한 질문에서 70%의 조사대상자는 이러한 절차가 적법하게 이루어지지 않는다고 진술했다. 일부 조사대상자는 북한 주민들이 이러한 법적 권리를 인지하지 못할 가능성이 크다고 언급하며, 심지어 인지한다 하더라도 국가 기관에 대한 권위와 공포에 압도되어 이러한 절차를 따르기 어려운 환경에 처해있다고 설명하였다. 특히 주목할 점은 체포영장 및 구금결정서를 통한 체포 절차가 적법하게 이행된다고 응답한 10%의 조사대상자의 진술이다. 이들은 북한 거주 당시 법률 기관에서 근무한 경험이 있는 사람들로, 이러한 서류 절차가 실제로는 체포 이후에 만들어져 제출된다는 점을 강조하며 이를 관례적인 행위로 여겨지고 있다고 설명했다. 이러한 증언은 북한 당국의 법적 절차를 따르겠다는 국제적 공언에도 불구하고, 현실에서 북한 주민들에게 이러한 절차는 아예 알려지지 않거나 관례적인 측면에서만 다뤄진다는 점을 강조하며, 북한 내부의 인권 보장에 대한 심각한 우려를 제기한다.

"모든 사람들 보는 앞에서 수갑을 채우는 게 체포인데, 그 앞에서 체포영장을 꺼내 들고 수갑을 채우잖아요. 그래서 그 놈을 잡으면 그 자리에서 수갑 채워가지고 데려가는 거예요. 체포영장은 따로 없어요. 그러나 우리 법 기관에서 영장을 발급하는 경우는 오직 하나, 가택 수색만. 그렇게 하고 대상을 잡아오면 구금결정서란 걸 서류를 만들어 가지고 그 다음에 단위 책임자의 사인을 받는 거예요. 사람들이 거기에다가 사인을 해 주죠. 구금결정서… 이렇게 나오지 체포영장 이건 아니에요. 잡아오고 그 다음 구금결정서 해 가지고 자기 단위 책임자한테 가서 사인을 받아오는 거예요. 받아가면 그 자리에서 잡으넣으면 되는 거예요, 감방에다가. 그 다음부터 조사·취급이 들어가죠." [120]

"나는 한 번도 잡혀갈 때 그런 걸(체포영장 제시) 못 해봤어요. 그래서 일단은 뭔가 확인할 게 있다고 하니까 유도, 유출해서 데리고 가서 구금시키지, 절대로 체포영장, '어떤 법조를 가지고 체포한다' 이런 거 한 번도 못 봤어요. 저는 많이 잡혀서 구금 생활을 많이 하는데, 다 유도, 유출해 가지고 날 데리고 가서 구금시켰지,(체포영장 제시는) 한 번도 없었어." [121]

---

120 UPR15_남_2019_평안남도
121 UPR15_남_2019_평안남도

북한은 "인권을 보호하고 증진하기 위한 정책과 법률에서 가장 중요한 요소는 과학적인 정확성, 객관성, 공정성, 신중함을 보장하는 것이다."라고 주장한다.[122] 또한 북한은 "법 집행관이 사람을 불법으로 심문하거나 인권을 침해할 경우 최대 10년의 노동교화형을 통해 교화될 수 있도록 엄중히 처벌된다."고 명시한다.[123] 나아가, 지금까지의 정례검토 회기 동안 정치범수용소와 관련된 어떤 권고안도 수용하지 않았음에도 북한당국은 "북한에는 관리소가 없다."고 단언하고 있다.[124] 북한은 이러한 대대적인 표명에 상응하듯이, 본 정례검토 기간 동안 독립적인 사법부와 공정하고 자유로운 심판절차를 보장하기 위한 형법과 형사소송절차의 개정을 요구하는 권고와 관련하여 국내 법률 체계의 상당부분을 개정하였다.

2019년 규정과 달리 2022년 형사소송법 규정에는 제58조(사선변호인선정시기)와 제59조(공선변호인선임의뢰시기)가 추가되었다. 기존 형사소송법은 제62조(피심자, 피소자의 변호인선정시기), 제63조(판사의 변호인선임의뢰시기)로 되어 있었으나, 개정 법률에서는 사선변호인과 공선변호인이라는 표현을 명시적으로 사용하고 있으며, 예심원은 피심자가 사선변호인 선정권을 포기한 경우 그 날로 공선변호인선임을 의뢰한다고 규정하였다. 이러한 표현과 규정은 북한 당국이 사선변호인선임을 인정하고, 사선변호인을 스스로 선임하지 않을 경우 국가가 의무적으로 공선변호인을 선임해주어야 한다는 것을 밝힌 것으로 한국의 국선변호인 제도와 같은 체계를 갖추었음을 보인다. 이러한 내용이 실제 적용되는가와 무관하게 북한 당국의 변호인 조력권에 대한 중요성 인식을 명시적으로나마 보여주는 것으로 볼 수 있으며 이는 긍정적으로 해석된다.

---

122 Replies to the List of issues forwarded by the Committee on the Rights of Persons with Disabilities.
123 Ibid.
124 Ibid.

그러나 북한의 사법 기관에 소속되어 있는 사람들 사이에서는 독립적인 변호사에 대한 명확한 이해나 인지가 없는 것으로 판단된다. 북한 당국은 형사사건 처리과정에서 피의자 및 피소자의 인권을 존중한다고 주장하고 있지만, 북한인권정보센터의 조사 결과에 따르면, 본 검토 기간 동안 피의자 및 구금자에 대한 적법한 인권 존중 절차는 실현되지 않았다. 북한이탈주민 80%가 형사사건 조사 기간 동안 피의자의 인권이 존중되지 않았다고 응답한 결과는 북한 사법 절차 내 인권 침해는 지속되고 있음을 시사한다. 이러한 침해는 법적 권리뿐만 아니라, 기본적인 생존권과 무죄추정의 원칙에 따른 처우도 포함된다. 북한이탈주민들의 증언에 따르면, 기본적인 권리가 제공되지 않는 사법권의 환경에서 개인의 사법적 권리는 더욱이 보장되지 않는다. 북한이탈주민 조사자 95%는 사법 절차 내 변호인의 존재 여부에 부정적으로 응답하거나 모른다고 대답하였으며, 이는 변호인이 피의자의 권리를 적절히 보호하는 절차가 적법하게 이루어지지 않고 있다는 것을 시사한다. 본 검토 기간에도 북한 내부 사법 체계가 피의자의 기본적인 인권을 충분히 보장하지 못하고 있는 현실은 지속되고 있다는 것이다.

"그냥 형식상 변호인인 거죠. 저는 그렇게만 생각해요. '북한도 변호인이 있다.' 이걸 보여주기 위해서 그것(변호인)을 만들어 놓은 하나의 위치라고만, 그것밖에 없다고 생각하거든요. 이 변호인들 자체가 과연 북한 땅에서 북한 주민들을 위해서 변호를 하는 일이 있냐, 없냐, 있다면 어디 외국에서 특정 북한 사람이 잡혔다 그러면 북한 변호사가 거기 따라가서 그걸 변호하겠는지 모르겠는데, 제 땅(북한)에서는 변호사 자체가 저는 없다고 생각해요. 존재하곤 있지만 이게 아닌 것 같아요."[125]

---

125 UPR18_남_2019_양강도

국가 기관에 의한 사법 처리 과정 이외에 국민 개인이 부당한 상황에 대해 적법한 사법절차를 이용할 수 있는 권리는 개인의 사법적 권리 영역에서 중요한 부분을 차지한다. 최근 몇 년간 북한은 국내에서 신소와 청원에 관한 권리를 반복적으로 보도해왔다. 2021년 VNR에서 북한은 "이를 위해 각급 위원회에 청원 제도를 구축하는 등 이들의 목소리와 의견을 귀담아듣고 권리와 편의를 우선시한다는 원칙을 고수하고 있다. 또한 공공 서비스 시설과 보건 및 교육 시설에는 서비스를 개선하기 위한 건의함이 배치되어 있다."고 밝혔다.[126]

특히, 이러한 신소 과정을 통해 국민이 부당한 대우에 대한 항의와 신고를 할 수 있는 제도를 강조한다. 그러나 현실적으로는 국민 개인이 부당한 상황에 대해 적법한 사법절차를 이용하는 것이 어려운 실정으로 확인된다. 북한이탈주민의 증언에 따르면, 북한 당국이 구축했다고 주장하는 신소처리과 등의 행정 부서와 신소처리의 날 등은 실제로 2019년 이후에도 운영되고 있는 것으로 확인된다. 그러나 이러한 국가 기관에 대한 항의나 신고가 원활하게 이뤄질 수 있는 구체적인 환경이 구축되어 있지 않으며, 이와 관련된 처리 과정 역시 투명하게 공개되지 않고 있다. 북한이탈주민 조사대상자의 75%는 신소청원 처리가 공정하게 이루어지지 않거나 그 내막 과정을 알지 못한다고 증언했다. 또한, "신소보는 날"에 대한 존재에 대해 70%의 증언자가 정보를 알지 못하거나 그 존재를 인식하지 못한다고 진술했다. 국가기관 내부에 신소처리과나 "신소보는 날"과 같은 제도가 존재하고 있지만, 이에 대한 투명하고 공정한 처리 과정이 확립되어 있지 않아 국민들이 실질적으로 제도를 활용하기에는 한계가 있다는 것을 시사한다.

이러한 제도의 미비성은 국민들이 자유롭게 의견을 표현하고 불만을 제기하는 데 제약을 가한다. 국민들이 보장된 권리를 주장하거나 불만을 해소하기 위해

---

126 Voluntary National Review, p.46.

국가에 도움을 청할 때 투명하고 공정한 절차가 보장되지 않으면, 제도 자체의 실효성은 감소한다. 즉, 이러한 조사결과는 본 검토기간 동안 여전히 북한 주민들이 자신의 사법적 권리를 행사하는 데 어려움을 겪고 있다는 현실을 나타낸다.

"일단 신소를 하면 처리는 무조건 되거든요. 신소에 대해서는 무조건 처리를 해야 돼요. 처리는 되는데 그게 공정하게는 안 되죠."[127]

"그래서 신소과란 게 있지, 도당 정문 앞에 가면 신소과가 있어요. 그건 계속 열려있고 담화도 다 해. 그리고 편지하면 다 받아. 그게 어떻게 처리되는가, 공정하게 처리되냐 안 되냐 문제지 안 받아주는 건 없어요. 그런데 처리를 하더라도 내 의견을 충실히 안 하지. 우리는 변호사가 있어야 되잖아. 변호사가 있어서 변호를 해야 되잖아. 왜냐하면 항상 법관하고 일반 시민이, 아니면 국가 대 법관, 일반 시민하고 이렇게 싸움하잖아. 국가가 이기려 하지, 일반 시민 이기게 안 해주거든. 거기에다 변호인도 없어, 그럼 내 말이 그냥 정신병자 소리밖에 안 돼. 그래서 항상 웬만해서는 이기는 게 없어요."[128]

"법일꾼을 잡으려면 그 법기관에다 그런 편지를 넣어야 되는 거 아니에요. 편지가 들어가면 아무래도 신소한 사람들보다 제 새끼, 자기가 데리고 있는 부하니깐 감싸고도는 그런 게 더 많죠.(신소 보는 날) 운영은 되겠죠. 근데 그거 신소하러 가는지는 모르겠어요."[129]

---

127 UPR13_여_2019_양강도
128 UPR17_여_2019_양강도
129 UPR16_여_2019_평안남도

본 정례검토 기간 동안 북한 주민의 시민적·정치적 권리 권리가 심각하게 악화되었다는 점이 확인되었다. 특히 이동의 자유, 정보 접근 및 표현의 자유와 같은 기본적인 자유에 대하여 체계적이고 심화된 단속이 두드러졌다. 북한 당국은 이러한 권리를 제한하기 위해 점점 더 엄격한 조치를 시행하여 개인의 사적 활동과 정권에 대한 반발을 통제하고 있다. 개인의 사적 권리 보호와 관련하여 북한 당국의 역행을 확인함과 동시에 북한 내 사법 분야에서도 가시적인 변화가 있었다. 북한 당국의 통치 전략 및 통제 체제가 변화함에 따라 사법 체제 역시 그에 맞는 변화 및 개정을 거치고 있는 것으로 보인다. 개정된 법률 중 몇은 사회질서 및 국민의 안전을 강화하기 위한 긍정적 시도로 비춰진다. 그러나 이들을 심층 분석한 결과, 오히려 북한 주민 개인의 자유를 보다 억압하고 북한 당국의 권력 및 통제를 강화하는 잠재적 위험을 내포하고 있는 것으로 확인되었다. 이는 시민적·정치적 권리 권리에 대한 명백한 도전이다. 그럼에도 불구하고, 본 정례검토기간 내 북한의 사법 분야에서 발견된 급속한 변화양상은 이와 관련한 심층적인 조사와 북한인권보호를 위한 지속적인 옹호활동의 필요성을 보다 강조한다.

IV. 경제적, 사회적, 문화적 권리

1. 건강권

2. 식량권

3. 기타 경제, 사회 문화적 권리

IV. 경제적, 사회적, 문화적 권리

1. 건강권

• 수용된 권고안

126.63   보건, 교육, 영양 및 식량 안보 분야에서 국제기구와 협력을 유지한다.(이란)

126.64   보건, 교육, 영양 및 식량 안보를 다루는 국제기구와 협력을 유지한다.(쿠웨이트)

126.65   보건, 교육, 영양 및 식량 안보 분야에서 국제기구와 협력을 유지한다.(미얀마)

126.66   보건, 교육, 영양 및 식량 안보 분야에서 국제기구와의 협력을 유지한다.(파키스탄)

126.91   국가 경제 발전, 보건 부문 발전 및 교육 발전을 위한 전략을 효과적으로 이행하여 전국민 생활 수준이 개선될 수 있도록 한다.(쿠바)

126.99   국가경제발전 5개년 전략으로 보건, 교육 및 사회 부문 예산 책정을 늘리는 방안을 고려하여, 지방의 서비스 접근성을 제고한다.(보츠와나)

126.100   지속가능개발목표 1-3에 맞춰 조선민주주의인민공화국 내 국민 모두가 자신의 건강과 안녕에 적합한 생활 수준을 보장받을 권리를 누릴 수 있도록 공적 지출을 조정한다.(네델란드)

126.104   식량, 보건, 교육 접근성 및 기타 권리를 확대 보장하도록 반차별 관련 사법 틀 강화 조치를 취한다.(인도네시아)

126.108   지속가능한 경제 및 사회 발전을 지속적으로 추구하여 국민이 인권 모두를 잘 향유할 수 있는 사회 기반을 마련한다.(중국)

126.109 유엔과 국제공동체와 협력하여 보건권 이행을 포함하여 지속가능개발 목표를 달성하도록 한다.(대한민국)

126.150 교육 및 보건 접근을 막는 장벽을 제거하고 국민 모두에게 실질적으로 무상 교육 및 보건 서비스를 제공한다.(아프가니스탄)

126.151 전국적으로 식량, 보건, 교육 및 적절한 주거 접근성을 확대한다.(캄보디아)

126.152 교육 및 보건을 발전시키고, 국민의 교육권과 보건권을 더욱 잘 보장할 수 있도록 노력을 지속한다.(중국)

126.153 지방에서 보건권, 교육권 및 적합한 생활 수준을 누릴 권리를 더욱 동등하게 누릴 수 있도록 전략을 마련한다.(코스타리카)

126.154 앞서 권고된대로 식량, 보건, 물, 위생에 관한 권리를 보장한다.(우크라이나)

126.156 자국민, 특히 가장 도움을 필요하는 이들에게 교육, 식량, 보건 접근을 계속해서 보장한다.(베네수엘라)

126.163 모두가 평등하게 지불가능한 비용에 보건 서비스에 접근할 수 있도록 추가적으로 조치를 취한다.(알제리)

126.164 국내 신생아 사망률과 영양실조 비율을 더욱 줄여나가도록 유의미한 조치를 강화한다.(쿠바)

126.165 보건 부문을 지속적으로 발전시키며, 보편적 의료 보장을 달성한다.(이집트)

126.166 보건권을 보장하도록 공공 보건 서비스 개선 조치를 이어간다.(니카라과)

126.167 국민에게 이득이 되는 방향으로 국가 보건 제도 현대화를 지속한다.(베네수엘라)

북한은 자국법에 명시된 바를 근거로 모든 북한 주민들에게 종합 의료 서비스를 제공하기 위한 보편적 건강관리체계를 수립했다고 표명한다. 북한은 해당 체계가 북한 주민들의 삶과 노동자의 건강을 보호하고 증진하는 것에 초점을 두고 있다고 밝힌다. 보편적 무상 의료 체계의 구축과 발전을 통해 북한 당국은 성별, 연령, 직업, 거주지 등과 무관하게 모든 인민들에게 동등한 의료 서비스 접근성을 보장하고 있다고 주장한다. 북한 당국에 따르면, 해당 보건 체계는 1953년에 시작되어 1960년에 완성되었으며, 보건 관련시설은 중앙부처에서부터 각 지방까지 이르는 보건대학, 보건직원 교육센터, 각 지방의 보건 연구소 등을 포함한 광범위하고 포괄적인 시설로 구성되어 있다. 또한 지역별 의사 제도의 운영은 예방의학에 방점을 두며, 북한 주민들의 보건을 적극적으로 보호하기 위한 당국 차원의 노력으로써 강조된다. 본 정례검토 시기 동안 북한 당국은 건강권과 관련된 22건의 권고안을 수용했으며, 해당 권고안들은 의료 서비스에 대한 장벽 제거와 기본적인 의료 서비스를 '지속적으로' 제공하는 것에 주안한다.

이처럼 무상의료 체계를 표방하는 북한 당국은 세 번째 정례검토 시기 동안 일반 국민의 "보건 접근성 확보와 적절한 보건 서비스의 구축"을 포함하는 다수의 건강권 관련 권고안을 수용하였다. 북한 당국의 무상 의료체계 및 무상 의약품 제공에 대한 공언이 현실적으로 이행되지 않고 있다는 것은 본 검토 기간 이전부터 공공연한 사실이었다. 본 북한인권정보센터의 조사 결과에 따르면, 2019년 이후에도 북한 당국의 이러한 행태에는 어떠한 변화도 나타나지 않고 있음이 확인되었다. 북한이탈주민 조사자 중 65%는 북한의 의료 혜택은 무상이 아니며 개별 환자가 비용을 부담해야 한다고 응답했다. 또한 무상 의료 혜택에 대체로 그렇다는 의견을 보인 35%의 조사자들도 무상의 범위를 진찰 및 병명 판정으로 한정 지으며 실제 치료 과정에는 비용이 발생한다고 부연하였다.

"사람들이 돈을 주면 빨리 치료해주고 정성껏 해주고 그런 게 있거든요. 돈을 안 주면 보지도 않아요. 대충대충, 그리고 접수 빨리 할 것도 오래 하고 그러다 죽는 걸요. 다(치료자) 본인한테 달렸어요. 무상 아니에요. 겉으로만 사회주의지. 내가 사야지. 내부는 다 자본주의에요."[130]

"치료를 하는 과정에서도 선생님들이 오는 건 맞긴 한데 그래도 좀 돈을 줘야 되는 거죠. 병원에 입원하는 것도 비용 같은 걸 주는 걸로 알고 있어요. 만약에 CT라든지 뭔가 검사를 하잖아요, 그런 거는 전기가 안 오니까 휘발유로 발동기 돌려서 해야 되거든요. 그런 비용은 본인이 더 부담을 하는 걸로 알고 있어요."[131]

"무상이라고 하는데 돈 내야 돼요. 강요는 안 하는데 그냥 '당연히 줘야 되고 당연히 받아야 된다.' 이런 의식이 있어요."[132]

국가에 의한 무상 혜택이 일반 북한 주민에게 제대로 제공되지 않는 상황에서, 적절한 의료 혜택 및 치료를 받기 위해서는 뇌물이 반드시 필요하다는 현실 역시 검토기간 이전부터 지속되어 온 것으로 나타났다. 북한인권정보센터의 조사기간 동안, 응답자들의 65%는 의료 혜택을 얻기 위해서는 보건 인력에 대한 뇌물이 필요하다고 응답했다. 보건 인력이 직접적으로 뇌물을 요구하지 않는다고 응답한 35%의 조사자들 또한, 적절한 의료 혜택을 얻기 위해서는 '뇌물'의 형태로 특정 비용을 부담해야 한다는 점에는 동의하였다. 그러나 이러한 뇌물의 성행을 보건 인력들이 자발적으로 의료 서비스를 상업화한 결과로 해석하기보다는

---

130 UPR03_남_2020_자강도
131 UPR06_여_2019_양강도
132 UPR13_여_2019_양강도

이미 북한 사회 전반에 통용된 문화의 일부로서 받아들이고 있다는 것이 이들의 의견이다.

"비공식적으로는 병원 갈 때 웬만하면 빈손으로 가는 사람 없어요. 이제는 안에서 뭔가 이게 얼마라고 명시는 안 했는데 사람들이 대학교 어디 들어갈 때 얼마 필요해야 된다는 것처럼 병원도 내가 내과 진료를 받으려면 얼마 정도 돈이 들어가야 되고 수술은 충수염 같은 경우는 50원이고 좀 더 큰 수술은 100원이고 이게 암묵적으로 누가 이렇다 말하지 않아도 '내가 내과에 가려면 담배 두 갑 정도는 가져 가야겠네.' '10원, 5원은 가져가야 되는데 충수 수술하려면 선생님한테 50원을 줘야 되네,' 비공식의 공식화라고 해야 되나, 이게 다 돼 있어요. 굳이 가서 이렇게 요구를 하는 의사들도 있죠. 근데 그렇게 요구를 안 해도 먼저 환자가 주는 분위기예요. 제가 병원에 있어봐서 너무 잘 아는데 의사들도 당연히 요구를 이렇게 못하잖아요. 무상 치료 이렇게 딱 돼 있는데, 돈 가져와라 이거는 못 하니까 눈치 주죠."[133]

"저희가 진료 볼 때 병원에 가잖아요. 다 무상이라고 하긴 하는데, 약간 뇌물이라고 하죠. 그런 걸 안 주면 눈치 주고 다음에 갔을 때도(눈치 주고) 그러니까 […] 병원도 딱 좀 정해지고, 그렇게 많지가 않잖아요. 다음에 갈 때 눈치 보이니까 무조건 가져가는 것 같아요."[134]

특히 건강권 보호를 위해 반드시 제공되어야 하는 의료 영역 중에서, 의약품은 시장 체계의 상업적 영역으로 북한 사회에 고착화되며 고질적 문제로 부각되고 있는 실정이다. 의약품의 상업화는 의료 서비스에 대한 공정하고 안정화된 접

---

133 UPR19_여_2019_양강도
134 UPR05_여_2019_양강도

근을 저해하고, 국민의 건강 수준을 저하시키는 결정적 요인으로서 반드시 개선되어야 하는 문제이다. 북한인권정보센터가 조사한 북한이탈주민의 95%는 2019년 이후 북한 거주 기간 동안, 국가나 공공의료기관으로부터 의약품을 제공받지 못하였으며 개별적으로 비용을 지불하여 필요 약물을 구입해야 했다고 응답했다. 이러한 의약품을 개인이 구입할 시, 15%의 조사자는 병원 등 의료기관으로부터 직접 구매하였다고 응답한 반면 대다수의 응답자인 85%는 보건 인력이 지정하거나 추천하는 개인 매대에서 구매하였다고 설명했다. 즉 '개인 약국' 혹은 '약 장사'로 불리는 개인의 상업시장을 통해 의약품을 구매하는 것이 보다 보편화된 방법이며 이는 북한 사회 내부에서 발생하는 의약품의 상업화 현상을 반증하는 것으로 해석할 수 있다.

"이제는 전국에 한 50m에 조금씩, 100m도 안 돼요. 우리 동네만 봐도 여기서 반경을 두고 내가 중심에 있으면 이쪽으로 가도 50m 있으면 약국이 있고 이쪽으로 가도 약국이 있어요. 이런 약국 시스템들이 너무 빼곡히 들어 있기 때문에 많아요." [135]

"아니 대체로 장마당이 아니고 의사들이 어디 가서 뭘 사와라 할 때는 거기 약 장사 하는 사람들이. 그런데 약 장사하는 사람들은 의사들이 소개해주는 약 장사하는 사람들은 한마디로 정품 오리지널 장사하는 사람들이 사 온단 말이에요. 일반 장마당에서 사온다고 하면 의사들도 자기가 파악이 없는 데서 사 온 거니까 이거 괜히 이거 놔줬다가 자기가 의료사고 나면 큰일나니까 의사들은 무슨 약 사오라 그럴 때는 만약 자기 담당 환자가 무슨 약을 맞아야 되는데 그 약을 자기가 아는 약장사로 소개해 준단 말이에요. 그러면서 사람한테도 이거는 무조건 정품만 이 사람한테 정품만 판매하라 하

---

135 UPR04_남_2019_양강도

고 또 그렇게 해야지 약장사들은 또 의사들이 소개해주는 환자들이 오니까 자기가 약을 팔 수 있잖아요. 그렇죠. 그러니까 그런 신뢰 감정이 있단 말이에요. 둘이."[136]

의약품에 대한 접근성이 각 개인의 경제력에 극히 의존적인 상황에서, 국민의 건강과 안전을 위해서는 이러한 의약품의 가격이 보편적으로 수용 가능한 수준이어야 한다. 그러나 북한인권정보센터가 조사한 모든 북한이탈주민은 상업화 된 의약품의 가격이 가정 내 경제적 부담으로 여겨진다고 응답했다. 이들에게 2019년 이후 개별 약품 매대에서 판매되는 약품의 가격이 부담스러운 수준인지 물었을 때, 모든 응답자가 "비싸다"라는 말로 진술하는 등 의약품을 확보하는 데 드는 비용에 대한 부담감을 강조하였다. 특히 그 중 25%는 시장 내 가격이 고가로 형성되어 경제적 상류층만이 해당 의약품에 접근할 수 있는 상황으로, 일반 주민들은 열악한 경제 상황으로 인해 기본적인 의약품마저 확보하기 어렵다고 설명하였다.

북한의 세 번째 정례검토 시기동안 북한 당국은 "보건 혜택의 장벽을 해소하고 국민 모두에게 보건권 및 건강권의 접근성을 확대하라"는 권고안들을 수용했다. 북한 내에서 차별적 위치에 있는 이들은 여성, 아동, 장애인 등 취약 계층을 포함하며, 더 큰 규모로 고려할 경우 도시와 지방 간의 격차도 반영된다. 즉 북한 당국은 권고안의 수용을 통하여 취약 계층을 위한 의료 접근성을 확대하고 도시와 지방 간의 의료 차별적 상황을 해소하겠다고 약속한 것이다. 이와 관련하여 북한 당국은 "전반적무상치료제 덕분에 모든 인민은 성별, 나이, 직업, 거주지에 상관없이 무상의료봉사를 이용할 수 있다."고 주장한다.[137] 나아가 코로나-19 팬데믹 기간에는 고령자와 장애인들이 코로나-19 감염 검사와 예방 접종을 우선

---

136 UPR02_남_2022_평양시
137 Voluntary National Review, p. 18.

적으로 받았다고도 밝힌 바 있다.[138]

　그러나 본 검토기간 동안 해당 의료 혜택을 실현하기 위한 적절한 의료 시설 구축 및 의료 혜택의 제공이 이루어지지 않았음이 확인되었다. 아동의 경우 소아 전용 병원이 있다는 응답은 전체 조사자의 45%로, 이들은 소아병원이 별도로 설립되어 있는 것이 아니라 큰 규모의 병원 안에 소아과가 포함되어 있다고 부연했다. 또한 교육 기관 내 아동 보건을 위한 의료 인력의 배치에 대해서는 없다고 단언하거나 들어본 적이 없어 모른다고 답한 이가 전체 응답자의 90%에 이르렀다. 특히 아동은 질병 등에 더 취약한 계층으로, 의료 혜택이 필수적으로 수반되어야 함에도 불구하고, 이들에 대한 치료는 북한 내 보편적인 치료 절차와 별다른 차이 없이 이루어졌다. 즉 경제적 격차로 인한 보건 혜택 접근성 저하 문제는 취약 계층 중 아동에게도 여전히 미치고 있는 것이다. 북한 내 장애인 보건의 경우 아동에 비해 더욱 취약한 상황으로 확인되었다. 장애인의 건강권을 보장하기 위해서는 장애의 종류와 심각성에 따른 별도의 보건 혜택이 필수적이며, 적절한 시설이 구축되어야 한다. 그러나 북한이탈주민 조사자 중 70%가 장애인을 위한 특별한 의료 시설에 대한 인식이 없거나 들어본 적이 없다고 응답했다. 나머지 30%도 의료 시설은 존재하나 수가 부족하다고 언급하였다. 북한 당국이 취약 계층을 대상으로 한 보건 서비스 접근성 확대 약속은 실현되지 않았으며, 이러한 대외적 표명과 실제 이행 간의 차이는 본 검토기간에도 지속되었음을 확인할 수 있다.

　취약 계층에 대한 의료 서비스 접근성 격차는 도시와 지방 간 지역에 따라 더 크게 확대되는 것으로 나타났다. 취약 계층을 위한 의료 시설이 존재한다고 응답한 소수의 북한이탈주민들은 대게 평양 및 대도시 출신이었다. 그들은 이러한

---

138 Replies to the List of issues forwarded by the Committee on the Rights of Persons with Disabilities.

의료 시설이 몇몇 대도시를 제외하고는 구축되지 않았을 것으로 추정하며, 북한 당국이 대외적으로 강조하는 주요 관심지역에만 의료 인프라가 확대되고 있을 것이라 진술하였다. 지방에 부족한 의료 인프라는 단순히 취약 계층에 한정되지 않는다. 북한 내의 심각한 의료 환경 악화는 보건 인력들에 대한 적절한 의료 기술 및 필수 물품의 보급이 부족한 실정으로 이어지며, 이는 특히 지방에서 극심한 수준인 것으로 나타났다. 2019년 이후, 열악한 의료시설이나 무상 치료 혜택 부족으로 인한 사망 사례를 목격한 조사 참여자는 전체 응답자의 25%에 해당했다. 그 중 일부는 환자 개인의 경제력 뿐만 아니라 의료 인력 및 시설의 부족, 의료진의 실력 부족으로 인해 적절한 의료 조치가 이루어지지 않아 사망한 경우를 목격했다고 진술했다. 특히, 지방 도시나 농촌에서 위급한 의료 상황이 발생할 경우, 적절한 인력이 배치되지 않아 환자를 도시로 이송하는 과정에서 사망하는 사례가 잦을 것으로 추정한다고 부연했다. 이러한 진술은 북한의 의료체계가 취약계층 뿐만 아니라 지역별 주민에게도 적절한 의료 및 보건 접근성을 제공하는 데 실패하였음을 반증한다.

"저희 집이 병원 딱 밑이 있거든요. 사고 나면 바로 수술실도 있는지 모르겠는데 있긴 있었어요. 근데 의술이 발달 안 되고 약도 기본만 나오는데 그것도 모자르니까 그냥 선착순이겠죠. 선착순이거나 아니면 인맥 있는 사람들이 좀 먼저 하거나 약간 수술 제때 못 하고 약 제때 못 써서 죽은 사람들이 아마도 있겠죠. 근데 쭉 그랬어요, 제가 올 때까지도. 제가 제 눈으로 직접 본 거고요. 병원 밑에서 살다 보니까 그냥 실려서 들어갔다가, 차 사고 나서 차에 깔려 실려 들어갔다가 그날 죽어서 바로 나가고... 그 돈 없으면 일단 뭐 해줄 수 있는 것도 없고, 차 사고가 나서 차에 깔렸던 사람인 거예요. 오늘 딱 몇 시간 있다가 근데 저희들 응급실이 있거든요. 이라고 했던 거 같은데, 구급실에 들어갔다가 그냥 죽어서 나갔던 거 같아요."[139]

"내 친구네 아버지가 결핵이었는데. 결핵으로 죽었어요. 제가 군대 간 사이에 결핵으로 죽었고, 내가 병원에 가보니까 병원에도 이제 그런 불치의 병을 가지고 있는 군인들이 많단 말이에요. 근데 약이 진짜 비싸요. 병원에서 주는 약 같은 경우는 안 좋은 그런 약들이니까…. 그래도(돈) 좀 써 가지고 좋은 약 좀 써보자고 하면, 그게 안 되는 거지."[140]

"의료기술이 여기처럼 발전이 안 돼 있어요. 그리고 여기는 우리가 건강검진을 계속 하잖아요. 그래서 내가 병이 암이라면 암의 시초에 알잖아요. 근데 우리는 벌써 암이 진통이 올 때 가거든. 병원에 가면 암이 다 막바지야. 그래서 암이라고 진단받으면 석 달 못 넘기는 게 대부분이에요. 그래서 난 암 진단받은 사람이 석 달 다 못 넘기는 게 법인 줄 알았거든. 북한이 어떤 누구든 간에 의사를 찾아가면 의사가 무조건 진단을 해 줘요. 병 오진을 좀 해서 그러지. 간 복수를 장 천공이라 하든가 이게 장 천공이 된 거를 간 복수라고 쓰든가, 이런 오진을 해서 그러지 다 진단은 해줘. 그런데 이제 좀 장기적으로 이제 쭉 치료를 해야 되는 환자인데 내 경제적으로 따라 못 가잖아요. 그러면 그냥 죽는 거지 그러지 않으면 의료기술이 딸려서 죽거나."[141]

북한 당국이 주장하는 자국의 보건 역량 실태는 비단 북한이탈주민의 증언을 통해서만이 아니라 검토 기간 내 작성된 보고서를 통해서도 확인된다. 코로나-19 팬데믹에 의해 밝혀진 북한의 보건 체계와 대응역량은 당국이 주장해온 바와 상반되었다. 팬데믹 초기 북한은 코로나 확진 사례가 없다고 주장하였으

---

139 UPR08_여_2019_양강도
140 UPR06_남_2019_황해북도
141 UPR17_여_2019_양강도

나 2022년 5월 8일, 북한은 국경을 봉쇄함과 동시에 첫 코로나-19의 확진을 공식적으로 인정했다.[142] 확진 사례가 발생하기 전 북한은 엄격한 이동 제한 및 격리 시설 운영 등 다양한 조치를 시행했다. 북한 당국은 전염병 대응 조치, 코로나-19의 확산을 방지하기 위한 조치와 함께 소독, 격리, 마스크 사용, 손 세척법, 코로나-19 감염 진단과 사후 조치에 대한 구체적 지침 등 다양한 예방적 조치 및 참고 지침을 채택했다고 표명했다.[143] 그러나 국제 전문가들은 북 한당국의 낮은 투명성과 정보 전달의 부족으로 인해 북한 내 바이러스 확산 수준이 심각한 상황으로 이어졌음을 지적했다.

또한 북한당국이 국제사회로부터의 코로나-19 백신 공급 제안을 거부함으로써, 북한은 백신접종을 시행하지 않은 소수의 국가 중 하나로 지적된 바 있다. 북한 주민들의 증언 및 국제 보고서를 통해 증명된 열악한 의료 상황이 지속되는 가운데, 북한 당국은 2022년 5월에 이르러서야 첫 코로나-19 백신 접종을 시작했다. 이후 2022년 6월, 조선중앙통신은 평양에서 코로나-19로 인한 첫 사망자 발생을 보도하였다. 첫 사망자 발생의 발생 이후 김정은 정권은 국가 비상사태를 선포하고 전국적인 봉쇄조치를 시행하였다. 한편 북한 내 코로나-19 감염자 추적 및 통계에서도 관련 오류가 지적되었다. 일부 소식통은 "열"이라는 단어가 코로나-19의 대체 용어로 사용되었을 가능성을 제기하였고, 다른 소식통에서는 수인성 전염병 사례도 코로나-19에 포함되어 있을 가능성이 있다고 말했다. 해당 팬데믹 기간은 공중보건의 위기에 대한 국제사회와 공조 및 협력의 중요성을 보다 강조하였고 또한 북한 내부의 상황을 명확하게 파악할 수 있는 투명한 자료의 필요성을 부각했다. 이러한 국제사회 공조 및 정보의 투명성이 결여된 상황은

---

142 Chaewon Chung and Jeongmin Kim, "North Korea reports first-ever 코로나-19 outbreak," 『NK News』, 2022.05.12.
143 Replies to the List of issues forwarded by the Committee on the Rights of Persons with Disabilities.

북한 내 팬데믹 실태에 대한 파악과 위기 대응의 어려움을 극대화하였다. 2022년 8월, 북한 당국은 의약품의 불법 생산과 판매를 엄격하게 처벌하는 세 가지의 법안을 새로이 제정했다.[144] 불법 의약품 생산 및 판매에 대한 엄격한 처벌은 장마당에서 유통되는 의약품에 의존도가 높은 북한 주민들의 의약품 접근성을 제한시키는 결과로 이어졌다.

또한 북한에 있던 국제 인도적 단체들은 북한의 열악한 보건체계를 지적하며, 북한 내 발생하고 있는 대규모 보건위기에 대한 심각한 우려를 표명했다. 이들은 주요 의학 원료와 포장 물품의 부재가 필수 의약품의 부재 및 의약품의 국내 생산체계 붕괴로 이어졌으며, 북한 내 90% 이상의 의약품들이 수입에 의존한다고 밝혔다. 이러한 필수 의약품의 절대적 부족 현상은 인슐린을 포함한 다양한 주요 약물의 부재를 포함하며, 이는 북한 주민들이 직면한 보건 문제를 더욱 악화시켰다. 또한 북한 내 만연한 전력난은 현대 보건의 기본인 혈액검사조차 불가능하게 만들었다. 부실 의료 장비 및 의료 재고의 부족은 X-ray는 물론 기본적 의료 검사 시설들의 폐쇄로 이어졌고 보건 당국의 질병 진단 체계는 무너졌다. 의약품 부족 현상은 단순히 약품의 부재에 그치는 것이 아니라, 알코올, 의료용 탈지면, 주사기, 붕대와 같은 보건 시설 내 상비물품 부족으로 확대되었다. 무상의료체제를 표방하는 북한 사회에서 개인 의사를 통한 사설 의료는 높은 진료 비용이라는 적지 않은 부담이 되는 선택이다.

그러나 결과적으로 경제력이 뒷받침되는 고위층의 경우 진료 체계 자체를 신뢰할 수 없는 공공의료가 아닌 사설 의료를 선택하고 있으며, 이는 북한 대중을 위한 공공 보건 체제의 붕괴를 의미한다. 또한 종양학과, 심장외과, 치과, 안과와 같이 관련 의약품의 존재 여부가 필수적인 의학분야에서는 암, 심장혈관 질환, 당뇨병

---

144 Colin Zwirco, "North Korea enacts medicine laws after death penalty decree on 코로나 supplies," 『NK News, 2022.08.08.

등 특수 질병으로 인한 사망률이 급증한 것으로 나타났다. 북한 당국은 평양에 종합병원을 건설하거나 각 지방에 종합 의료시설을 건설하는 등 의료시설 구축프로젝트를 추진하고 있지만, 국가적 재정난으로 인해 본 시설을 뒷받침하기 위한 현대적 의료장비를 수급하는 데에는 큰 장애가 있을 것으로 사료된다. 북한의 의료 붕괴 실태는 더욱 심각해지고 있다. 관련 보고에 따르면, 2023년 1월부터 도 단위, 시 단위 병원에서는 난방을 위한 연료부족으로 인하여 응급실과 중증환자를 제외한 모든 환자들을 강제로 퇴원시키기도 하였음이 확인되었다.[145]

본 정례검토 기간 동안 발생한 코로나-19 팬데믹은 북한의 보건체계가 가지고 있던 취약성을 보다 더 극명하게 보이게 만들었다. 북한이 자국 법에 따라 표명하고 명시적으로 실시하고 있는 전반적무상치료체제는 대규모의 팬데믹 상황에서 최소한의 공중 보건 역할을 수행하는 데 실패했다. 이는 오히려 무상치료라는 감투 아래 은닉해 온 북한 보건체계의 근본적인 취약점을 드러냈다. 팬데믹 위기에 대한 부실 대응은 북한이 전반적무상치료제라고 주장하는 체계 운영에 대한 북한의 제한적인 능력을 더욱 여실히 드러냈으며, 이는 비단 대규모 위기 상황에만 한정된 문제라고 볼 수 없다. 의약품 부족, 국내 생산체계의 붕괴, 필수 약품 및 질병 진단 실패는 북한의 보건 체계가 직면한 구조적인 문제로서 북한 주민의 공중 보건 안전성을 위해 반드시 개선되어야 하는 영역으로 사료된다.

---

145 United Nations Security Council, "Report of the Panel of Experts," S/2022/668, 2022.09.07, p. 339.

IV. 경제적, 사회적, 문화적 권리

2. 식량권

• 수용된 권고안

126.63 보건, 교육, 영양 및 식량 안보 분야에서 국제기구와 협력을 유지한다.(이란)

126.64 보건, 교육, 영양 및 식량 안보를 다루는 국제기구와 협력을 유지한다. (쿠웨이트)

126.65 보건, 교육, 영양 및 식량 안보 분야에서 국제기구와 협력을 유지한다. (미얀마)

126.66 보건, 교육, 영양 및 식량 안보 분야에서 국제기구와의 협력을 유지한다. (파키스탄)

126.104 식량, 보건, 교육 접근성 및 기타 권리를 확대 보장하도록 반차별 관련 사법 틀 강화 조치를 취한다.(인도네시아)

126.153 지방에서 보건권, 교육권 및 적합한 생활 수준을 누릴 권리를 더욱 동등하게 누릴 수 있도록 전략을 마련한다.(코스타리카)

126.154 앞서 권고된대로 식량, 보건, 물, 위생에 관한 권리를 보장한다.(우크라이나)

126.155 모두를 위하여 기본적인 서비스 가용성과 접근성을 보장하고, 여성 아동 및 장애인이 권리를 향유할 수 있도록 강화된 조치를 취한다.(네팔)

126.156 자국민, 특히 가장 도움을 필요하는 이들에게 교육, 식량, 보건 접근을 계속해서 보장한다.(베네수엘라)

126.157 전 국민에게 식량권과 보건권을 보장하는 노력을 강화하며, 아동, 여성, 장애인 및 노인 등 취약 계층 및 특정 계층에서 우선 순위를 둔다.(태국)

126.158 국가 식량 배급 정책을 계속해서 이행한다.(볼리비아)

126.159 전국민에게 식량 접근을 보장하는 조치를 지속적으로 강화한다.(칠레)

126.160 수 백만 명, 특히 아동, 여성, 노인을 비롯한 취약 계층에 영향을 미치는 식량 불안정과 영양실조 문제 해결에 필요한 조치를 취한다.(에콰도르)

126.161 국내 식량 접근성이 차별없이 보장되도록 하며, 국가배급제도가 소외 계층 및 최취약 계층에게 식량을 보장하도록 한다.(핀란드)

126.162 빈곤을 퇴치할 수 있도록 구체적인 조치와 방안을 마련한다.(캄보디아)

126.164 국내 신생아 사망률과 영양실조 비율을 더욱 줄여나가도록 유의미한 조치를 강화한다.(쿠바)

126.63 보건, 교육, 영양 및 식량 안보 분야에서 국제기구와 협력을 유지한다.(이란)

126.64 보건, 교육, 영양 및 식량 안보를 다루는 국제기구와 협력을 유지한다. (쿠웨이트)

126.65 보건, 교육, 영양 및 식량 안보 분야에서 국제기구와 협력을 유지한다. (미얀마)

126.66 보건, 교육, 영양 및 식량 안보 분야에서 국제기구와의 협력을 유지한다. (파키스탄)

126.104 식량, 보건, 교육 접근성 및 기타 권리를 확대 보장하도록 반차별 관련 사법 틀 강화 조치를 취한다.(인도네시아)

126.153 지방에서 보건권, 교육권 및 적합한 생활 수준을 누릴 권리를 더욱 동등하게 누릴 수 있도록 전략을 마련한다.(코스타리카)

126.154 앞서 권고된대로 식량, 보건, 물, 위생에 관한 권리를 보장한다.(우크라이나)

126.155 모두를 위하여 기본적인 서비스 가용성과 접근성을 보장하고, 여성 아동 및 장애인이 권리를 향유할 수 있도록 강화된 조치를 취한다.(네팔)

126.156 자국민, 특히 가장 도움을 필요하는 이들에게 교육, 식량, 보건 접근을

계속해서 보장한다.(베네수엘라)

126.157 전 국민에게 식량권과 보건권을 보장하는 노력을 강화하며, 아동, 여성, 장애인 및 노인 등 취약 계층 및 특정 계층에서 우선 순위를 둔다.(태국)

126.158 국가 식량 배급 정책을 계속해서 이행한다.(볼리비아)

126.159 전국민에게 식량 접근을 보장하는 조치를 지속적으로 강화한다.(칠레)

126.160 수 백만 명, 특히 아동, 여성, 노인을 비롯한 취약 계층에 영향을 미치는 식량 불안정과 영양실조 문제 해결에 필요한 조치를 취한다.(에콰도르)

126.161 국내 식량 접근성이 차별없이 보장되도록 하며, 국가배급제도가 소외 계층 및 최취약 계층에게 식량을 보장하도록 한다.(핀란드)

126.162 빈곤을 퇴치할 수 있도록 구체적인 조치와 방안을 마련한다.(캄보디아)

126.164 국내 신생아 사망률과 영양실조 비율을 더욱 줄여나가도록 유의미한 조치를 강화한다.(쿠바)

126.63 보건, 교육, 영양 및 식량 안보 분야에서 국제기구와 협력을 유지한다.(이란)

126.64 보건, 교육, 영양 및 식량 안보를 다루는 국제기구와 협력을 유지한다. (쿠웨이트)

126.65 보건, 교육, 영양 및 식량 안보 분야에서 국제기구와 협력을 유지한다. (미얀마)

126.66 보건, 교육, 영양 및 식량 안보 분야에서 국제기구와의 협력을 유지한다. (파키스탄)

126.104 식량, 보건, 교육 접근성 및 기타 권리를 확대 보장하도록 반차별 관련 사법 틀 강화 조치를 취한다.(인도네시아)

126.153 지방에서 보건권, 교육권 및 적합한 생활 수준을 누릴 권리를 더욱 동등하게 누릴 수 있도록 전략을 마련한다.(코스타리카)

126.154 앞서 권고된대로 식량, 보건, 물, 위생에 관한 권리를 보장한다.(우크라이나)

126.155 모두를 위하여 기본적인 서비스 가용성과 접근성을 보장하고, 여성 아동 및 장애인이 권리를 향유할 수 있도록 강화된 조치를 취한다.(네팔)

126.156 자국민, 특히 가장 도움을 필요하는 이들에게 교육, 식량, 보건 접근을 계속해서 보장한다.(베네수엘라)

126.157 전 국민에게 식량권과 보건권을 보장하는 노력을 강화하며, 아동, 여성, 장애인 및 노인 등 취약 계층 및 특정 계층에서 우선 순위를 둔다.(태국)

126.158 국가 식량 배급 정책을 계속해서 이행한다.(볼리비아)

126.159 전국민에게 식량 접근을 보장하는 조치를 지속적으로 강화한다.(칠레)

126.160 수 백만 명, 특히 아동, 여성, 노인을 비롯한 취약 계층에 영향을 미치는 식량 불안정과 영양실조 문제 해결에 필요한 조치를 취한다.(에콰도르)

126.161 국내 식량 접근성이 차별없이 보장되도록 하며, 국가배급제도가 소외 계층 및 최취약 계층에게 식량을 보장하도록 한다.(핀란드)

126.162 빈곤을 퇴치할 수 있도록 구체적인 조치와 방안을 마련한다.(캄보디아)

126.164 국내 신생아 사망률과 영양실조 비율을 더욱 줄여나가도록 유의미한 조치를 강화한다.(쿠바)

1990년대 후반, 북한이 대규모 기근에 직면하면서 국가 주도의 공공배급체제가 붕괴되었다. 이로 인해 시민들은 적절한 식량을 받지 못하고 기근 상황에 처했으며, 이는 대규모의 탈북을 유도하는 결과로 이어졌다. 북한 내에서 높은 수준의 영양 결핍은 국토의 산악지형으로 인한 농경지의 제약, 구식 농업 방식의 한계, 필수 자원 부족, 그리고 끊임없이 변화하는 기후 등 다양한 원인에 기인한다. 이러한 문제들은 과거부터 북한이 해결해야 했던 고질적인 과제로 자리하였다. 2010년 김정은 정권은 북한의 경제와 식량 안보를 강화하기 위해 국가 주도의 개혁을 시작하였다. 이 개혁은 농업 생산성 향상, 자원 효율성 강화, 식량 배급 시스템 개선 등을 포함하며, 지난 제2차 정례검토에서는 이러한 국가 주도의 노력으로 북한 내의 식량 상황이 점차적으로 안정화되고 있다는 긍정적인 결과를 확인할 수 있었다.

본 검토기간 동안 북한이 수용한 권고안은 주로 국민의 식량 접근성을 향상하는 것이었음에도 불구하고 북한당국의 담화는 식량 공급 문제에만 치중되어 있다. VNR에서 북한 당국은 자연재해를 식량난의 주된 원인으로 지목하면서 현재 북한의 식량 안보와 관련된 지속적인 우려를 인정했다. 이와 관련하여 북한 당국은 지속가능한 농업의 개발과 식량 자급자족을 위한 노력을 최우선으로 두고 있다고 표명했다. VNR 보고서에 따르면, 북한의 곡물 생산량은 감소세를 보이고 있으며, 2018년 생산량은 약 496만톤으로 최근 10년간 최저치에 이르렀다.[146] 북한은 또한 공식석상에서 자국의 식량난을 인정하는 태도를 보이고 있다. 2021년 4월, 조선노동당 당대회에서 김정은은 1990년대 대기근을 의미하는 "고난의 행군"이라는 용어를 언급한 바 있다.[147] 또한 2021년 12월 조선노동당 중앙위원회에서는 식량 안전 보장 문제를 재차 논의의 중점 요소로 회부하였다. 그 과정에서 김정은은 이전보다 다소 회유적인 태도로 국내 농촌경제와 식량 안정 보장 문제에 있어 궁극적인 해결을 위한 주요 목표 단계 설정을 강조했다.[148] 북한은 현재 상황을 자연재해, 낮은 회복탄력성, 농업 자재의 부족, 낮은 기계화 수준 등 다양한 원인들을 종합하여 설명하였다. 특히 2023년 보고서에서는 지난 몇 년간의 수확량을 비교 분석하며, 현재의 감소세를 극심한 가뭄과 폭우, 농

---

146 Voluntary National Review, p.15.
147 "Respected Comrade Kim Jong Un Makes Closing Address at Sixth Conference of Cell Secretaries of Workers' Party of Korea," 『조선중앙통신』, 2021.04.09.
148 "Report on 4th Plenary Meeting of 8th C.C., WPK," 『로동신문』, 2022.01.01.

업 자재와 비료의 부족, 2022년 5월 창궐한 코로나-19로 인한 농업 활동의 미진을 원인으로 지적했다.[149] 이에 대응하여 북한 당국은 과학적 농업기술의 개발을 촉진하고 수확량 증가를 위한 적극적인 활동에 착수했다고도 보고하였다.[150]

　북한의 세 번째 정례검토에서 당국은 식량접근성의 확보 외에도 "국가 식량 배급 정책을 계속해서 이행하고 전 국민에 식량 접근성을 보장하라"는 권고안을 수용하였다. 특히 북한이 수용한 권고안 중 다수는 북한 당국에 대해 국가 배급이 소외계층 및 취약계층에 대한 차별없이 보장될 것을 요구하였다. 그러나 북한인권정보센터가 진행한 북한이탈주민 조사에서 응답자 중 60%는 검토기간 동안 식량 배급을 받지 못한 것으로 나타났다. 더하여, 식량을 배급 받았다고 응답한 40% 중의 절반은 매달 정기적인 식량을 공급받은 것이 아니라 1년에 1번 정미하지 않은 쌀, 옥수수 등을 배급 받거나 가끔씩 감자를 공급받았다고 증언했다. 매달 정기적인 식량을 공급받은 그 외 절반, 전체 응답자 중 20%의 속하는 이들은 국가 기관, 정책 기관 혹은 군에 소속되어 있었던 것으로 확인되었다. 즉, 북한 사회에서 국가 배급 제도의 혜택은 북한 정권 기관에 속하여 체제에 대한 "충성"이 입증된 자들에 한정되었다고 해석할 수 있다. 이는 국민에 대한 차별적 현상을 타파해야 할 정부가 되레 국가 주도로 체제 친화적인 이들에 대해 우대 조치를 진행하고 있음을 시사한다. 북한 당국에 의한 선별적 식량배급은 국민 간의 경제 및 사회적 불평등을 증가시키며, 특히 생존에 관련된 식량 접근성의 보장에서 차별을 강화한다. 지난 회기와 마찬가지로 2019년 이후에도 북한 당국이 공평한 식량 접근성에 대한 약속을 부정하고 차별적인 정책을 시행하는 기조는 유지되고 있는 것이다.

---

149 Ethan Jewell and Ifang Bremer, "Drop in North Korean crop output aggravates domestic food shortages", 「NK News」, 2022.12.15.
150 Voluntary National Review, p15.

"배급이란 거는 북한에 다 되지 않았어요. 그러니까 이렇게 당기관, 보위부, 안전부 사람들이 배급을 받지, 나머지 사람들은 배급을 받았을까요?"[151]

"저 배급 받은 적 없어요. 저희 집 배급 받는 거 한 번도 못 받는데요. 살면서 못 봤어요."[152]

"북한에서 배급 받는 대상자는 두 부류가 있어요. 군수 공장에서 일하는 사람들과 그리고 군인. 아니, 군인도 그 직업군인들 있잖아요. 직업 군인들로 막 탄광사같이 이런 힘든 업종에서 일하는 사람들한테 만 [줘요]"[153]

북한 당국이 소외된 계층이나 취약한 계층을 보호하는 데 중점을 두는 것이 아니라, 체제에 충성하는 소수 인구에게 선별적으로 식량을 배급하는 동안, 북한 사회의 일반 국민들은 불안정한 식량 수급으로 인해 고통을 겪고 있는 것으로 나타났다. 2019년 이후 식량난 경험 및 목격 여부에 대한 질문에 조사자 중 10%는 식량난을 직접 경험했다고 답하였으며, 80%가 이웃의 식량난을 목격하거나 득문한 바 있다고 응답하였다. 특히 국가에 의존하지 않고 자급자족으로 식량 접근성을 확보하던 일반 국민들이 기존의 방식을 영위하는 데 있어 어려움을 겪고 있다는 점이 조사자들에 의해 강조되었다. 특히 2020년 코로나 사태로 인해 개별적으로 장사나 농사를 통해 확보하던 식량 수급이 원활하지 않아 검토 기간 동안 북한 내의 식량난이 더욱 심화되었다는 것이다. 이러한 상황은 공공배급체제의 붕괴와 선별적 식량배급에 맞서 자체적으로 식량 확보 방식을 모색하

---

151 UPR16_여_2019_평안남도
152 UPR19_여_2019_양강도
153 UPR03_남_2021_자강도

였던 북한 주민들이 코로나 사태로 인하여 더 이상 이를 지속할 수 없는 현실을 보인다.

"제 주변에도 있었어요. 그때 친구였는데 아빠 엄마가 없었거든요. 자매였는데 따로 돈 버는 통로가 없거든요, 밑천 있는 것도 아니고. 그래서 3일씩 굶고 그랬어요. 그런데 지금은(굶는 사람이) 더 많다고 하더라고요, 물가가 너무 올라서…."[154]

"내가 듣기에는 국경 막으면서(굶는 사람이) 더 많아졌다고 소리 들었어요. 그래도 90년대 그 다음부터는 굶어 죽는 사람이 없었다고요. 장사하고 생활 전선에 다 뛰어드니까 굶어 죽었다는 사람이 진짜 안 들렸다고. 2000년대 들어와서는 굶어 죽는다는 소리 못 듣고, 그래서 못 산다 하면 오히려 못 사는 사람 욕 했다고, '저기 건달 같은 새끼들' 하고 그랬는데, 2020년도 국경 막은 다음에 들리는 소리가 아사자가 생겼다 하더라고요."[155]

본 정례검토 기간 동안 북한 내 식량권과 관련된 심각한 문제들이 수면 위로 드러났다. 과거 북한에 식량 등 원조 물자를 제공하던 국제 인도적 단체들의 부재와 북한 주민들의 생계 수단 중 큰 역할을 차지하던 중국과의 물자 이동 제한은 북한 내 식량 안보 상황을 더욱 악화시켰다. 이러한 심각한 식량난은 북한의 국영매체에서도 대대적으로 보도되었으며, 김정은 정권조차 공식적으로 자국이 겪고 있는 식량 안보 확보의 실패 및 이에 따른 북한 주민들의 고통을 인정했다. 이에 대하여 북한 당국은 농업기술의 한계, 원자재의 부족 및 전세계적 팬데믹 상황들을 원인으로 지적했다. 본 검토 기간 내 발생한 대규모 팬데믹이 현재 북

---

154 UPR08_여_2019_양강도
155 UPR02_남_2022_평양시

한의 식량난에 일조했다는 점이 사실로 확인되었다. 그러나 이와 별개로 북한 정권이 실시하고 있는 선별적 배급 실태는 본 검토 기간 내에도 과거와 동일하게 확인되었으며 이러한 점에서의 북한 당국의 개선 의지는 요원하다. 이러한 차별적 식량 공급은 취약계층의 식량 안보 상황을 더욱 악화시키며 북한 일반 주민들의 식량권 확보에 치명적인 위협으로 자리한다.

IV. 경제적, 사회적, 문화적 권리

3. 기타 경제, 사회, 문화적 권리

• 수용된 권고안

126.91 국가 경제 발전, 보건 부문 발전 및 교육 발전을 위한 전략을 효과적으로 이행하여 전국민 생활 수준이 개선될 수 있도록 한다.(쿠바)

126.92 국가경제발전 5개년 전략(2016-2020) 이행 노력을 지속한다. (콩고민주공화국)

126.95 아프리카인과 아프리카 후손과 더욱 긴밀한 관계를 정립하여 문화와 역사를 더 완전하게 이해하고 아프리카 후손이 인류에 기여한 바를 제대로 인식할 수 있도록 한다. 가령 조선민주주의인민공화국 내 문화 교류를 조직한다.(아이티)

126.99 국가경제발전 5개년 전략으로 보건, 교육 및 사회 부문 예산 책정을 늘리는 방안을 고려하여, 지방의 서비스 접근성을 제고한다.(보츠와나)

126.100 지속가능개발목표 1-3에 맞춰 조선민주주의인민공화국 내 국민 모두가 자신의 건강과 안녕에 적합한 생활 수준을 보장받을 권리를 누릴 수 있도록 공적 지출을 조정한다.(네델란드)

126.101 가능한 부문 모두에서 도농 간 격차를 줄이도록 혁신적인 조치를 지속한다.(투르크메니스탄)

126.108 지속가능한 경제 및 사회 발전을 지속적으로 추구하여 국민이 인권 모두를 잘 향유할 수 있는 사회 기반을 마련한다.(중국)

126.110 기후변화에 가장 취약한 이들을 고려하여 기후 변화의 원인과 영향을 해결하고자 국내에서 어떤 조치를 취했는지 정보를 제공한다.(피지)

126.111 재해방지 및 구조, 복구법과 환경보호법 이행 시 반드시 인권을 바탕으로 접근하도록 한다.(피지)

126.112 기후변화와 기후변화가 생활에 미치는 영향을 관리하는 총체적인 전략을 마련하는 데 여성, 아동, 장애인, 토착민 및 기타 소외된 지역사회를 포용하고 이들이 참여할 수 있도록 한다.(피지)

126.149 대한민국과 지속적으로 협력하여 가족 분리 피해자 문제를 근본적으로 해결할 수 있도록 하며, 관련하여 남북 정상회담 합의 사항을 이행한다.(대한민국)

126.162 빈곤을 퇴치할 수 있도록 구체적인 조치와 방안을 마련한다.(캄보디아)

126.91 국가 경제 발전, 보건 부문 발전 및 교육 발전을 위한 전략을 효과적으로 이행하여 전국민 생활 수준이 개선될 수 있도록 한다.(쿠바)

126.92 국가경제발전 5개년 전략(2016-2020) 이행 노력을 지속한다. (콩고민주공화국)

126.95 아프리카인과 아프리카 후손과 더욱 긴밀한 관계를 정립하여 문화와 역사를 더 완전하게 이해하고 아프리카 후손이 인류에 기여한 바를 제대로 인식할 수 있도록 한다. 가령 조선민주주의인민공화국 내 문화 교류를 조직한다.(아이티)

126.99 국가경제발전 5개년 전략으로 보건, 교육 및 사회 부문 예산 책정을 늘리는 방안을 고려하여, 지방의 서비스 접근성을 제고한다.(보츠와나)

126.100 지속가능개발목표 1-3에 맞춰 조선민주주의인민공화국 내 국민 모두가 자신의 건강과 안녕에 적합한 생활 수준을 보장받을 권리를 누릴 수 있도록 공적 지출을 조정한다.(네델란드)

126.101 가능한 부문 모두에서 도농 간 격차를 줄이도록 혁신적인 조치를 지속한다.(투르크메니스탄)

126.108 지속가능한 경제 및 사회 발전을 지속적으로 추구하여 국민이 인권 모두를 잘 향유할 수 있는 사회 기반을 마련한다.(중국)

126.110 기후변화에 가장 취약한 이들을 고려하여 기후 변화의 원인과 영향을 해결하고자 국내에서 어떤 조치를 취했는지 정보를 제공한다.(피지)

126.111 재해방지 및 구조, 복구법과 환경보호법 이행 시 반드시 인권을 바탕으로 접근하도록 한다.(피지)

126.112 기후변화와 기후변화가 생활에 미치는 영향을 관리하는 총체적인 전략을 마련하는 데 여성, 아동, 장애인, 토착민 및 기타 소외된 지역사회를 포용하고 이들이 참여할 수 있도록 한다.(피지)

126.149 대한민국과 지속적으로 협력하여 가족 분리 피해자 문제를 근본적으로 해결할 수 있도록 하며, 관련하여 남북 정상회담 합의 사항을 이행한다.(대한민국)

126.162 빈곤을 퇴치할 수 있도록 구체적인 조치와 방안을 마련한다.(캄보디아)

북한은 경제적, 사회문화적 권리의 증진과 관련된 12개의 권고안을 수용했다. 해당 권고안의 대부분은 경제발전에 초점을 두고 있다. 사회 문화적 권리에는 국민의 안녕과 생활 안정을 보장하는 경제 안정의 수립이 포함된다. 북한의 세 번째 정례검토 기간 동안 북한 당국은 "지속 가능한 경제발전 계획을 수립하고 실현하여 국민의 일상 생활 안정을 확보하라"는 권고안을 다수 수용하였다. 북한은 2021년 VNR에서 경제발전을 위한 모든 노력에 집중하는 전략적 우선순위를 설정했다고 밝혔다.[156] 북한은 제출한 보고서를 통해 경제부문에서 "2016년과 2020년 사이에 예상된 전략적 목표를 달성하지 못하였다. 그러나 지속적인 경제발전을 위한 자립적인 노력의 토대가 마련되었다."고 밝힌 바 있다.

---

156 Voluntary National Review, p. 29.

한편 낙관적인 어조로 제출한 공식 보고서와는 달리 제8차 노동당 당 대회에서 김정은은 국가경제발전목표를 달성하지 못했음을 공식적으로 인정하였다. 조선중앙통신을 통해 보도된 김정은의 관련 발언은 5년만에 열리는 첫 당대회 개회사에서 이루어졌다. 본 개회사에는 이전 년도에 마무리된 국가경제발전 5개년 계획에 명시된 다양한 부문의 목표 달성에서 실패한 부분에 대한 반성이 포함되어 있었으며, 이는 북한 당국의 경제발전을 위한 의지를 역설적으로 내포했다. 이후, 북한 당국은 2021-2025년 신 경제개발5개년계획을 발표하며 국가 차원의 경제발전 계획 수립에 착수하였음을 공식적으로 밝혔다.[157]

국가 수준의 경제발전 계획과 별개로, 개인의 경제적 자유와 상업적 활동의 보장은 각 개인 및 가정의 생활에 중대한 영향을 미친다. 따라서 북한인권정보센터는 북한이탈주민을 대상으로 2019년 이후 개인의 경제적 자유가 확대되었는지에 대한 조사를 실시했으며, 결과는 전반적으로 양분되었다. 일부 응답자는 1990년대 경제난 이후 북한 당국 차원의 공공배급제가 붕괴되고 이로부터 시간이 경과함에 따라 개인 경제시장의 중요성이 증대되었다고 응답했다. 북한 주민들이 국가 노동 시장에 참여하는 대신, 시장 내에서 상업활동이나 개인 매대를 운영하여 개별적인 경제 자율성을 확보하였고 이러한 추세는 점차 확대되고 있다는 것이다. 그러나 55%의 응답자는 이러한 개인의 상업적 자율성이 2019년 이후 부정적으로 축소되었다는 입장을 보였다. 개인 경제 시장이 외부 자율 시장과 접목되는 특성에 따라, 북한 당국이 더 많은 통제와 검열을 강화하는 경향이 두드러졌다고 응답했다. 특히, 2020년 코로나 사태로 인한 전국적 규모의 시장 폐쇄로 일반 국민들의 개별 경제 자율성이 축소되었으며, 국경 지역에서는 2019년 이후 국가가 개인 매대집을 폐쇄하고 판매 물품을 몰수하는 사례가 더욱 빈

---

[157] Bradly O. Bobson, "The Road Ahead for the North Korean Economy After the Party Congress," 『38 North』, 2021.02.21.

번해졌다는 증언도 확인되었다.

"전면적으로 다 확대되고 그런 거는 아니죠. 그래도 많은 거 같아요. 많은 쪽에 가까운... 예를 들어서, 김정은이 원산 구두공장 같은 곳에 가서 시찰하고 하는데 그게 (구두공장이) 개인 자본이라고 하거든요. 그래서 그런 것들을 할 수 있으면 해라 하는 식으로 풀어주는 거죠."158

"오히려 더 어려워졌어요. 이게 2019년에 개인들이 시장 근처에 집을 잡고 개인이 집에서 의약품을 팔거나 식품 팔고 하는 것 다 회수해 갔어요. 다 뺏어가고 집에서 장사하는 사람들 다 단련대 다녀왔어요. 2019년에 그랬어요."159

북한 당국은 본 국가별 인권 정례검토 외에도 다양한 메커니즘을 통해 지속가능한 발전에 대한 참여 의지를 표명했다. 국제사회가 강조하는 지속가능한 발전 안에는 일반 국민 뿐만 아니라 빈곤층의 안녕을 보장하는 것 역시도 주요한 사안으로 강조된다. "조선민주주의인민공화국 사회주의 헌법"(1972년 12월 27일 채택, 개정)은 북한 당국이 인민의 물질적, 문화적 생활을 증진하는 활동을 최고의 원칙으로 삼으며 식량, 의류, 주거를 포함한 모든 생활 조건을 인민에게 제공한다"고 규정하고 있다. 단순히 법률적 명기 외에도 북한은 지속가능한 발전 의제 중 빈곤 대응과 관련하여 SDG1 "모든 곳에서 모든 형태의 빈곤 종식"을 "인민생활 향상"으로 해석하며 당국의 발전 목표로 삼았다160. 북한 당국은 이에 더하여 "조선민주주의인민공화국은 인민이 모든 것의 주인이 되고 모든 것이 인

---

158 UPR09_남_2019_황해북도
159 UPR19_여_2019_양강도
160 Voluntary National Review, p. 9.

민을 위하여 복무하는 사람 중심의 사회주의 국가이다."라고 표명하였으나[161], 이와 관련한 구체적인 노력에 대한 정보는 제공하지 않았다는 한계를 보인다.

북한 당국은 국영 매체 등을 통하여 농촌 지역의 발전과 빈곤 대응을 위한 주택 공급을 북한 주민들에게 약속하였다. 북한 당국은 도시와 농촌 지역의 격차를 줄이기 위해 적극적인 조치를 취하고 있으며, "국가는 사회주의 사회의 본질적 요구에 따라 인민 생활 수준을 개선하기 위해 최선을 다한다."고 VNR을 통해 밝혔다.[162] 북한은 2021년 3월부터 "살림집 1만 세대와 노력 혁신가, 공로자, 과학자, 교육자, 문필가를 비롯한 근로자를 위한 보통문 주변 강안지구 호안다락식 주택지구 800세대의 올해 안 완공을 목적으로 본격적인 공사에 착수하였다."고 표명하였으며, "조선민주주의인민공화국은 인민들에게 주택을 무상 분배한다."고 VNR 보고서에 기재하였다.[163]

그러나 2019년 이후 북한 당국이 전개한 빈곤층 관련 정책이 북한 주민의 실질적인 사회 및 경제적 안정을 도모하는지에 대해서는 의문이 제기된다. 북한인권정보센터가 진행한 조사에서 75%의 북한이탈주민은 2019년 이후 빈곤층의 권리가 개선되지 않았다고 응답했다. 그러나 이는 2019년 이후 거리 내 꽃제비 및 노숙인 등 빈곤 계층을 확인할 수 있었냐는 질문에 대해 50%의 북한이탈주민이 부정적인 응답을 한 결과와 대조적이다.

더불어, 북한인권정보센터는 조사 기간 동안 북한 당국이 국가 차원에서 빈곤층을 위한 구호시설 설립 및 운영 조치를 활발히 실시했다는 점을 확인하였다. 북한이탈주민 조사에서 절반의 응답자가 2019년 이후 국가 차원의 빈곤 정책이 실시되었고 이는 실제로 거리 내 빈곤층 수가 줄어들었다는 답변과 일치하는 결

---

161 Ibid., 12.
162 Voluntary National Review, p.35.
163 Ibid., p.13.

과이다. 응답 결과의 이러한 대조적인 양상은 북한이탈주민의 구체적인 증언을 통해 그 원인을 확인할 수 있었다.

2019년 이후 북한 당국은 빈곤층을 위한 구호시설을 건립하고 빈곤계층을 이에 수용하였으나, 실제 그들에 대한 처우는 극도로 열악했다. 북한의 빈곤계층은 구호시설을 통해 주거지를 확보하는 대신, 열악한 식량 환경 및 국가 통제 아래에서 자율성이 결여된 삶에 노출되는 것으로 나타났다. 주거지 만을 확보하는 것이 개인의 안녕을 보장한다고 볼 수 없다는 점에서, 북한 당국의 정책이 빈곤층의 실질적 안녕을 도모하는데 얼마나 기여하고 있는 지에 대한 심층적인 검토가 반드시 수반되어야 한다. 또한 이러한 모순적 결과는 북한 사회의 열악한 환경에서 빈곤층이 향후에도 지속적으로 안정적인 생활을 영위할 수 있도록 어떠한 지원과 개선이 필요한지에 대한 명확한 권고안 수립의 중요성을 시사한다.

"구호소라고 있어요. 또는 방랑자 숙소, 있거든요. 그러니까 공공 국가 기관에서 그런 사람들 잡아다가 거기다 넣는 거예요. 그러면 거기서 집체적으로 먹고 자고 일을 하면서 거기서 지내야 되는 거예요. 그런 사람들이, 근데 다 도망을 쳐요 거기 들어갔다가는. 아이 너무 안 좋은 게 아니고 실제 놓고 보면 나와서 그렇게 생활하는 정도면 그런 부류들 보면 조직 생활을 싫어하는 사람들이거든요. 그게 그러니까 조직 생활 싫어하는 애들인데 그런 애들한테 조직 생활을 시키니까 애들이 스트레스를 많이 받죠. 그게. 깨야 하는 시간도 정해져 있고 취침 시간도 정해져 있고 식사 시간도 정해져 있고 가니까 애들이 스트레스 받잖아요. 도망치죠."[164]

빈곤 등 기존의 보편화된 인권 문제와 더불어 국제사회에는 점차 다양한 인

---

[164] UPR15_남_2019_평안남도

권 의제가 제기되고 있다. 특히, 범 지구적 문제로 대두되는 기후변화가 인권문제와 연관되어 인식되고 있는 점은 주목할 만한 일이다. 본 정례검토 시기에 북한 당국이 기후변화와 같은 국제적 의제와 관련된 권고안을 수용했다는 점은 북한 또한 기후 변화 및 환경 문제에 대하여 점차 높은 관심을 보이고 있음을 시사한다. 북한은 현재 람사르 습지 보전 협약, 동아시아-호주 철새이동경로 파트너십(EAAFP), 국제자연보전연맹(IUCN) 등 국제협약의 회원이며, 유엔기후변화협약(UNFCCC)에도 참여하고 있다. 또한 북한은 국제기구가 진행하는 환경 프로젝트에 적극적으로 참여하고자 하는 강한 의지를 표명하고 있다.[165]

이와 관련하여 유엔 국가팀은 그들의 전략적 목표 중 하나로 기후변화와 자연재해로 인해 피해를 입은 취약 계층과 사회의 회복력을 강화하고 식량 안보를 증진하는 것을 제시했다. 북한은 기후와 관련된 자연재해로 인한 피해에 지속적으로 노출되어 온 국가 중 하나다. 반복되는 홍수, 가뭄, 태풍 그리고 폭염은 북한 주민의 복지와 공중 보건, 그리고 경제 개발에 심각한 악영향을 끼친 바 있다.

2021년 제출된 자발적 국가검토보고서(VNR)에서, 북한은 기후변화 적응, 재난 여파 감소, 조기 경보 시스템에 대한 교육 및 인식 제고 강화 노력을 강조했다. 북한 당국은 기후 변화 및 그 영향에 대한 개념을 초등, 중등 교육 과정에 통합하였고, 고등 교육 과정에서는 기후 변화 완화, 기후 적응 및 재난 관련 조기 경보 시스템에 대한 교육을 실시하고 있다. 더불어 대중매체를 통해 기후 변화의 악영향에 대해서 주기적으로 강조하고, 국가 기관 종사자들과 일반 대중에게 재난 관리 표준 양식 그리고 조기 경보 시스템 관련 자료를 배포하여 기후 관련 위기와 이를 완화하기 위한 전략적이고 포괄적인 인식의 함양을 촉구하고 있다.[166]

북한인권정보센터의 조사 결과에 따르면, 35%의 북한이탈주민 응답자들이

---

165 DPRK Needs and Priorities 2020, p.7.
166 Voluntary National Review, p.41.

2019년 이후 북한 당국이 환경 및 기후변화에 관한 정책을 전개했다고 답변했다. 이들은 '산림관리처,' '산림감시소,' '산림담당보안원' 등을 들어 국가가 주도하는 산림 관리 및 감시 체계의 구축을 예시로 들며, 북한 당국이 환경 개선 및 산림화 정책을 전개하고 있다고 진술했다. 그러나 이러한 정책적 노력이 실제로 북한 주민들에게 뚜렷하게 체감되고 있는지에 대한 의문이 제기된다. 북한 당국의 환경 정책에 긍정적으로 응답한 35%의 대다수는 국가 기관 및 정책 기관의 종사자들로서 자신이 근무했던 부처에서 언급되거나 수행된 환경 관련 정책을 언급했다. 반면에 이에 해당하지 않는 65%의 조사자는 북한 당국의 환경 정책에 대해 부정적으로 응답했다. 이러한 결과는 북한 당국의 환경 정책이 국가 기관과 그에 종사하는 이들을 중심으로 이루어졌음을 시사하며, 일반 주민들에게는 해당 정책이 실질적으로 와닿게 전개되지 않았다는 점이 확인된다. 추가적으로, 2019년 이후 국가 주도의 환경 정책 사업에 동원된 경험 여부에 대하여 60%의 응답자가 직접 참여 경험 혹은 목격/득문 경험이 있다고 답변하였다. 그러나 이들의 경험은 대부분 '나무심기운동,' '양묘장복구운동' 등과 같이 본 정례검토 기간 이전부터 주기적으로 실시되던 활동에 국한된 것으로 나타났다. 이는 북한 당국이 정책 차원의 환경 논의를 일반 주민들의 참여를 독려할 수 있는 실질적 정책으로 구체화하고 보편화 하는 노력에 미흡했음을 시사한다. 그에 따라 북한 당국이 국제사회와 협력하여 환경 정책의 투명성을 확보하고 일반 북한 주민 및 지역사회의 참여를 증진시켜 실질적인 환경 개선을 이루도록 하는 권고안의 제시가 요구된다.

"각 도에 산림 복구 지휘부라는 게 있어요. 그게 당이 기본 주체가 돼 가지고. 당, 검찰, 보안, 정권기관 이런 성원들이 그게 지휘부에 조직돼 있는 거예요. 지휘부 같은 게 조직돼 가지고 이게 지금 운영되고 있는 거예요. 그게 그래서 기관들에 할당량이 그게 분할이 되는 거예요. 이렇게 올해 나무를 1000그루 심으라 무슨 뭐 100그루 심으라 이렇게 떨어지는 거예요. 그러면 거기에 그 나무를 심어야죠."[167]

"나무 심기 말고 뭘 또 있겠나. 환경 뭘 그런 걸 개선한 게 있어, 기후환경? 나무밖에 할 게 있어요? 제일 하기 쉽고 간단한 거 다음에 그런 건 또 주민 동원시키니까 인민위원회가. 이거 나무 심기 같이 하도록 하겠습니다. 하면 주민들 동원시켜서 일행도 한 세대당 거기서 동사무소도 다 내리 먹이지. 동사무소에서 오늘 며칠 날 어디 가서 나무 심어야 된다. 나와라. 안 나올 사람들은 돈 얼마씩 내라. 너네가 안 심는 것 대신 나간 사람들이 심어주니까 후방사업 해야 된다, 하고서 돈 내라 그러지. 후방사업이라는 게 돈 먹이는 거지."[168]

"나무심기 운동 많이 하죠. 산에 나무가 없으니까. 비가 오거나 이럴 때 산사태가 많이 발생할 수 있다. 그러니까 해야 된다. 저기를. 뭐 공기가 좋다는 알고 있지. 그걸 교육적으로 그렇게 엄청나게 하는 건 아닌 거 같아요."[169]

본 정례검토에서 북한 당국은 범세계적 의제 뿐만 아니라 다른 국가와의 관계에 관한 구체적인 조치를 이행하는 것에도 동의를 표했다. 그 중 하나가 이산가족 문제를 해결하고, 남북정상회담을 진척시키는 것이었다(126.149). 그러나 2022년 9월 한국 통일부 장관의 이산가족 상봉에 관한 논의 제안에도 불구하고 북한은 이에 응답하지 않았다.[170] 남북정상회담 합의 이행 실패와는 별개로 북한

---

167 UPR15_남_2019_평안남도
168 UPR01_남_2022_평양시
169 UPR11_여_2019_양강도
170 "통일장관, 북한에 회담 제의… 이산가족 상봉 이뤄질까?" 「BBC」, 2022.09.08.

당국은 이산가족 상봉을 진행하면서도 한국의 선교사 세 명과 한국 국적을 가진 탈북자 세 명에 대한 구금은 지속하고 있다. 한국의 김정욱 목사는 한국 국가정보원 간첩이라는 혐의로 무기징역을 선고받아 2013년부터 현재까지 평양에 구금되어 있다. 2014년에는 김국기와 최춘길이라는 두 명의 한국 선교사가 북한에서 "반 북한" 범죄로 간주되는 활동에 가담했다는 혐의로 체포되었다. 한국 국적을 취득한 세 명의 탈북자 역시 2016년부터 현재까지 구금되어 있으며 이와 관련한 북한 당국 차원의 입장 표명은 여전히 요원하다.[171]

한국과의 관계뿐만 아니라 북한은 다양한 국가들과의 관계 개선 권고에 긍정적인 반응을 보였다. 구체적으로 본 검토기간 동안 북한은 아프리카와 아프리카인과 더 가까운 관계를 구축하는 것에 대한 권고안을 수용하였다(126.95). 그러나 2023년 북한은 세네갈과 기니의 대사관을 폐쇄하며 아프리카에 대한 외교적 우선순위에 대한 전략적 변화를 보였다. 이러한 대사관 폐쇄는 10월 말 콩고민주공화국, 방글라데시 그리고 스페인과 다른 국가의 대사관 폐쇄에 이은 각 여덟, 아홉 번째 폐쇄 조치다. 전문가들은 북한의 아프리카 철수 결정에 대해 북한 내 아프리카 지역에 대한 정치적, 경제적 중요도 재평가와 엄격한 국제적 제재로 인한 어려움이 반영되었을 것이라 설명했다. 세네갈, 기니와 북한 간의 외교 관계는 역사적으로 수 십년 넘게 이어졌으나, 두 나라와의 관계는 상대적으로 제한적이었다. 북한의 입장에서 북한 해외 노동 인력을 세네갈 건설 현장에 파견하는 것에 그치는 것이 현실이었다. 그러한 상황에서 2019년 12월, 유엔 안전보장이사회의 제재로 인해 회원국들이 북한의 노동자를 고용하는 것이 금지되어 양국과 북한 간의 관계는 더욱 축소되었다. 다른 국가에서 새로운 대사관을 열겠다는 북한의 주장에도 불구하고, 이러한 대사관 폐쇄 조치는 북한이 경제적 위기와 국제적인 제재

---

171 김환용, "김정욱 선교사 북한 억류 10년…가족 "생사 확인이라도" 호소," 「VOA」, 2023.10.10

에 대응하며 당국의 외교적 지형을 변화시키는 모습을 보여준다.[172]

본 검토기간 동안, 북한 당국은 자국의 경제 발전에 대한 결함을 가감없이 인정하며, 자국 내 우선순위와 정책적 문제점에 대한 일정 수준의 성찰의식을 보였다. 북한 당국이 과거 성찰을 바탕으로 미래 경제 발전에 대한 열망을 표명하는 점은 경제 발전을 통한 국민 사회 안정성 확보에 긍정적으로 기여할 것으로 사료될 수 있다. 그러나 이러한 국가 단위를 중점으로 하는 목표 설립이 다른 한편으로 이를 명분으로 국민의 기본권을 묵살하는 결과로 이어질 수 있다는 점을 간과해서는 안 된다. 북한의 연이은 경제 발전에 대한 국가적 표명은 이를 명목으로 북한 주민의 기본적 인권에 대한 국가의 의무를 묵과할 수 있다는 위험성을 내재한다. 그러므로 이러한 북한의 정책 방향성은 경제 발전 계획 수립이라는 한정된 시각이 아니라 관련 정책 시행 과정에서 시민의 권리와 복지가 소외될 수도 있는 잠재적인 위험성에 대해서도 지속해서 주의를 기울여야 한다.

---

[172] Jeongmin Kim and Joe Smith, "North Korea closes embassies in Senegal and Guinea as Africa exodus continues," 「NK News」, 2023.12.05.

결론

본 북한의 제3차 보편적 인권정례 검토 이행 여부에 대한 조사는 북한 주민과의 접촉은 물론 북한 당국 및 국제기구 등을 통한 객관적인 정보에 대한 접근이 전례 없이 어려운 시기에 수행되었다. 이러한 열악한 상황에도 불구하고, 북한 주민의 목소리를 찾아 이를 지지하고 알리는 것, 특히 북한이 UPR 과정에서 자발적으로 한 약속에 대해 책임을 지도록 하는 것은 국제사회와 시민사회가 함께 지고 있는 의무이다.

본 보고서는 제3차 UPR 회기 동안 북한이 수용한 권고안에 대해서만 그 논의를 한정하였다. 이는 본 기관이 북한인권 문제에 대해 강조하고 있는 이원적 접근에 대한 중요성과 그 맥을 같이 한다. 북한 당국이 자발적으로 공언한 약속을 준수하도록 촉구하는 동시에 북한 정권이 회피하거나 통제하려는 영역에 대한 문제의식을 지속적으로 높이는 것이다.

북한은 전례없이 고립적이고 폐쇄적인 국가이다. 이는 국제사회가 북한 내부 실태 및 정보에 직접 접근하고 이를 획득하는 데 큰 장애물로 자리한다. 그러나 북한 내 자행되는 열악한 인권 침해 실태를 보다 명확히 밝히기 위해서는 현 상황에서 가능한 모든 방법과 수단을 활용하는 것이 무엇보다 절실하다. 폐쇄적이고 고립된 국가의 실태를 밝히는 데 있어, 이를 직접적으로 겪은 북한이탈주민의 증언, 인도주의 단체 및 외교관의 보고, 실태의 가시적 확인을 돕는 위성사진 등은 결코 간과해서는 안될 중요한 정보의 원천이다.

2024년 유엔 회원국들은 제4차 UPR에서 본 보고서에 언급된 북한의 문제들에 대해 다시 한번 해결을 촉구할 기회를 갖게 될 것이다. 이는 북한 정권으로 하여금 실질적인 개선을 요구하고 이에 대한 책임을 물을 수 있는 기회의 장이자 기반이 될 것이며, 북한 내 인권 실태에 대한 주요한 역사적 기록으로 자리할 것이다. 국제사회는 이를 활용하여 북한 주민의 목소리를 분명히 인지하고, 공감하며 또한 이를 널리 알림으로써 그들의 기본적 권리와 존엄성을 옹호해야 한다.

북한인권 상황의 복잡한 국면을 해결하는 동시에, 우리는 끊임없이 묵살당하고 외면당해 온 누군가의 작은 목소리에도 귀를 기울여야 한다. 단 한 사람도 예외없이 모든 개인의 존엄성과 인권을 보호하겠다는 우리의 약속을 확고히 지켜나가야 한다. 북한 주민이 직면하고 있는 열악한 현실을 끝없이 조명하며, 우리는 모든 이의 인권이 존중되고 옹호되는 미래로 나아갈 수 있을 것이라 믿는다.

참고문헌

U.S. Department of the Treasury, "North Korea Sanctions," accessed December 10, 2023, https://ofac.treasury.gov/sanctions-programs-and-country-information/north-korea-sanctions.

UN Human Rights Council, "Report of the Special Rapporteur on the rights of persons with disabilities on her visit to the Democratic People's Republic of Korea," A/HRC/37/56/Add.1, December 2017.

"Academic Advisors Dispatched to Branch Schools in Remote Mountains Areas," 『로동신문』, 2023.03.08.

"At the forefront of educational revolution in new century," 『Pyongyang Times』, 2024.01.24.

"Children's Rights in the DPRK," Uriminzokkiri, June 11, 2023.

"Contrasting Realities Mirrored in Fates of Children," 『Ministry of Foreign Affairs』, 2021.05.15.

"DPRK Provides Women with Genuine Human Rights," 『Korean Association of Social Scientists』, 2023.03.31.

"DPRK Will Never Pardon U.S. and Its Vassal Forces' "Human Rights" Racket: FM Spokesperson," 『조선중앙통신』, 2022.09.12.

"DPRK, heaven of children," 『Pyongyang Times』, 2021.09.15.

"Efforts to Enhance Education Level of Rural Schools," 『로동신문』, 2023.06.07.

"Efforts to Enhance Education Level of Rural Schools," 『로동신문』, 2023.06.07.

"Fulfilling life of Korean women," 『Pyongyang Times』, 2023.03.08.

"Korean Disabled Persons in Happiness," 『DPRK Today』, 2023.06.20.

"More Youth Volunteer to Work in Major Socialist Construction Sectors," 『조선중앙통신』, 2021.05.29.

"On Root of Situation in Korean Peninsula on Brink of Bust," 『로동신문』2023.03.17.

"Our Law Protects Happiness of All Families," 『로동신문』, 2023.03.20.

"Persons with Disabilities Will Enjoy More Rights, Benefits," 『Pyongyang Times』, 2023.10.10.

"Presentation of the Implementation of SDGs in DPR Korea North-East Asian Multistakeholder Forum", October 2019, https://www.unescap.org/sites/default/files/Session%201-3.%20Country%20Presentation_DPRK.pdf.

"Report on 4th Plenary Meeting of 8th C.C., WPK," 『로동신문』, 2022.01.01.

"Respected Comrade Kim Jong Un Makes Closing Address at Sixth Conference of Cell Secretaries of Workers' Party of Korea," 『조선중앙통신』, 2021.04.09.

"Working People's Organizations in Nampho Municipality Conduct Agitprop Activities," 『조선중앙통신』, 2024.01.21.

Antony J. Blinken, Secretary of State, "Religious Freedom Designations," U.S. Department of State, 2024.01.24. https://www.state.gov/religious-freedom-designations/

Bradly O. Bobson, "The Road Ahead for the North Korean Economy

After the Party Congress," 『38 North』, 2021.02.21.

Chaewon Chung and Jeongmin Kim, "North Korea reports first-ever COVID-19 outbreak," 『NK News』, 2022.05.12.

Colin Zwirco, "North Korea enacts medicine laws after death penalty decree on COVID supplies," 『NK News, 2022.08.08.

Democratic People's Republic of Korea, Replies to the List of Issues Forwarded by the Committee on the Rights of Persons with Disabilities in Relation to the Initial Report of Democratic People's Republic of Korea, December 2023.

Ethan Jewell and Ifang Bremer, "Drop in North Korean crop output aggravates domestic food shortages", 『NK News』, 2022.12.15.

Government of the Democratic People's Republic of Korea, 2021 Democratic People's Republic of Korea Voluntary National Review On the Implementation of the 2030 Agenda.

Josh Smith and Sudev Kiyada, "North Korea spent the pandemic building a huge border wall," 『Reuters』, 2023.05.27.

Office of the High Commissioner, "Special Rapporteur on the situation of human rights in the Democratic People's Republic of Korea" https://www.ohchr.org/en/special-procedures/sr-dprk

OHCHR, "Basic Facts about the UPR," https://www.ohchr.org/en/hr-bodies/upr/basic-facts.

OHCHR, "UN disability expert welcomes opportunity for constructive dialogue on human rights in North Korea," 2017.05.15.

OHCHR, "UN Treaty Body Database," https://tbinternet.

ohchr.org/_layouts/15/TreatyBodyExternal/countries.aspx?CountryCode=PRK&Lang=EN.

UN Human Rights Council, "Report of the Special Rapporteur on the rights of persons with disabilities on her visit to the Democratic People's Republic of Korea," A/HRC/37/56/Add.1, 2017.12.

UN Human Rights Council, "Report of the Special Rapporteur on the situation of human rights in the Democratic People's Republic of Korea, Elizabeth Salmón," 2023.03.09.

UN Security Council, "Adopted by the Security Council at its 8151st meeting, on 22 December 2017," S/RES/2397 (2017).

United Nations General Assembly, "Situation of human rights in the Democratic People's Republic of Korea," A/77/522, 2022.10.13.

United Nations Security Council, "Report of the Panel of Experts," S/2020/840, 2020.08.28,

United Nations Security Council, "Report of the Panel of Experts," S/2022/668, 2022.09.07.

United Nations Security Council, "Report of the Panel of Experts," S/2023/656, 2023.09.12

"United Nations, General Assembly, Admission of the Democratic People's Republic of Korea and the Republic of Korea to Membership in the United Nations, A/RES/46/1,, https://digitallibrary.un.org/record/133631?ln=en.

"United Nations, Human Rights Council, Report of the Working Group on the Universal Periodic Review Democratic People's Republic

(사)북한인권정보센터 출판도서 목록

도서명	저자	출판년도	가격

• 연례도서

• 북한인권통계백서(국문)

도서명	저자	출판년도	가격
2007 북한인권통계백서	윤여상 외	2007	20,000원
2008 북한인권백서	북한인권기록보존소 윤여상 외	2008	20,000원
2009 북한인권백서	북한인권기록보존소 윤여상 외	2009	20,000원
2010 북한인권백서	북한인권기록보존소 윤여상 외	2010	20,000원

2011 북한인권백서	북한인권기록보존소 윤여상 외	2011	30,000원
2012 북한인권백서	북한인권기록보존소 윤여상 외	2012	30,000원
2013 북한인권백서	북한인권기록보존소 윤여상 외	2013	30,000원
2014 북한인권백서	북한인권기록보존소 윤여상 외	2014	30,000원
2015 북한인권백서	북한인권기록보존소 윤여상 외	2015	30,000원
2016 북한인권백서	북한인권기록보존소 안현민 외	2016	30,000원

	2017 북한인권백서	북한인권기록보존소 최선영 외	2017	30,000원
	2018 북한인권백서	북한인권기록보존소 임순희 외	2018	30,000원
	2019 북한인권백서	북한인권기록보존소 임순희 외	2019	30,000원
	2020 북한인권백서	북한인권기록보존소 안현민 외	2020	30,000원

• 북한인권통계백서(영문)

	White Paper on North Korean Human Rights Statistics 2007	북한인권기록보존소 윤여상 외	2008	20,000원
	White Paper on North Korean Human Rights 2008	북한인권기록보존소 윤여상 외	2008	20,000원

	White Paper on North Korean Human Rights 2009	북한인권기록보존소 윤여상 외	2009	20,000원
	White Paper on North Korean Human Rights 2010	북한인권기록보존소 윤여상 외	2010	20,000원
	White Paper on North Korean Human Rights 2011	북한인권기록보존소 윤여상 외	2011	30,000원
	White Paper on North Korean Human Rights 2012	북한인권기록보존소 윤여상 외	2012	30,000원
	White Paper on North Korean Human Rights 2013	북한인권기록보존소 윤여상 외	2013	30,000원
	White Paper on North Korean Human Rights 2014	북한인권기록보존소 윤여상 외	2014	30,000원

White Paper on North Korean Human Rights 2015	북한인권기록보존소 윤여상 외	2015	30,000원
White Paper on North Korean Human Rights 2016	북한인권기록보존소 윤여상 외	2016	30,000원
White Paper on North Korean Human Rights 2017	북한인권기록보존소 최선영 외	2018	30,000원
White Paper on North Korean Human Rights 2018	북한인권기록보존소 임순희 외	2019	30,000원
White Paper on North Korean Human Rights 2019	북한인권기록보존소 임순희 외	2019	30,000원
White Paper on North Korean Human Rights 2020	북한인권기록보존소 임순희 외	2019	30,000원

• 북한종교자유백서(국문)

	2008 북한종교자유백서	윤여상, 한선영	2008	10,000원
	2009 북한종교자유백서	윤여상, 한선영	2009	10,000원
	2010 북한종교자유백서	윤여상, 한선영	2010	10,000원
	2011 북한종교자유백서	윤여상, 한선영, 윤중근	2012	10,000원
	2012 북한종교자유백서	윤여상, 한선영, 장은실	2013	20,000원
	2013 북한종교자유백서	윤여상, 정재호, 안현민	2013	20,000원

	제목	저자	연도	가격
	2014 북한종교자유백서	윤여상, 정재호, 안현민	2014	20,000원
	2015 북한종교자유백서	윤여상, 정재호, 안현민	2015	20,000원
	2016 북한종교자유백서	정재호, 안현민, 윤여상	2016	20,000원
	2017 북한종교자유백서	안현민, 윤여상, 정재호	2017	20,000원
	2018 북한종교자유백서	안현민, 윤여상, 정재호	2018	20,000원
	2019 북한종교자유백서	안현민, 윤여상, 정재호	2019	20,000원
	2020 북한종교자유백서	안현민, 윤여상, 정재호	2020	20,000원

• 북한종교자유백서(영문)

	White Paper on Religious Freedom in North Korea 2009	윤여상, 한선영, 장은실	2009	10,000원
	Religious Freedom in North Korea 2012	윤여상, 한선영 장은실, 최선영	2013	10,000원
	White Paper on Religious Freedom in North Korea 2013	윤여상, 정재호, 안현민	2013	20,000원
	White Paper on Religious Freedom in North Korea 2014	윤여상, 정재호, 안현민	2014	20,000원
	White Paper on Religious Freedom in North Korea 2015	윤여상, 정재호, 안현민	2015	20,000원
	White Paper on Religious Freedom in North Korea 2016	정재호, 안현민, 윤여상	2016	20,000원

	White Paper on Religious Freedom in North Korea 2017	안현민, 윤여상, 정재호	2018	20,000원
	White Paper on Religious Freedom in North Korea 2018	안현민, 윤여상, 정재호	2019	20,000원

- 북한이탈주민경제활동동향(국문)

	2006 북한이탈주민 경제활동 동향 – 취업,실업,소득	엄홍석, 윤여상, 허선행	2007	5,000원
	2007 북한이탈주민 경제활동 동향 – 취업,실업,소득	윤여상, 허선행	2008	5,000원
	2008 북한이탈주민 경제활동 동향 – 취업,실업,소득	북한인권정보센터	2009	5,000원
	2009 북한이탈주민 경제활동 동향 – 취업,실업,소득	허선행, 임순희	2010	5,000원

2010 북한이탈주민 경제활동 동향 - 취업,실업,소득	서윤환, 이용화	2011	10,000원
2011 북한이탈주민 경제활동 동향 - 취업,실업,소득	서윤환, 이용화	2012	10,000원
2012 북한이탈주민 경제활동 동향 - 취업,실업,소득	서윤환, 신효선	2013	10,000원
2013 북한이탈주민 경제활동 동향 - 취업,실업,소득	서윤환, 신효선, 박성철	2014	12,000원
2014 북한이탈주민 경제활동 동향 - 취업,실업,소득	임순희, 안현민	2015	12,000원
2015 북한이탈주민 경제사회통합 실태	윤여상, 임순희	2016	17,000원
2016 북한이탈주민 경제사회통합 실태	임순희, 윤인진, 양진아	2017	17,000원

2017 북한이탈주민 경제사회통합 실태	임순희, 윤인진, 김슬기	2018	17,000원
2018 북한이탈주민 경제사회통합 실태	임순희, 김석창	2019	17,000원
2019 북한이탈주민 경제사회통합 실태	안현민, 김성남	2019	17,000원
2020 북한이탈주민 경제사회통합 실태	김성남, 김소원	2020	17,000원
2021 북한이탈주민 경제사회통합 실태	임순희, 김가영, 성민주	2021	17,000원
2022 북한이탈주민 경제사회통합 실태	임순희, 성민주, 이경현	2022	17,000원
2023 북한이탈주민 경제사회통합 실태	임순희, 성민주, 이승엽	2023	20,000원

• 북한이탈주민경제활동동향(영문)

	2009/2010 Trends in Economic Activities of North Korean Defectors	허선행, 임순희 서윤환, 이용화	2011	15,000원
	2018 Social and Economic Integration of North Korean Defectors in South Korea	임순희, 김석창	2019	17,000원

• 북한인권에 대한 국민인식조사(국문)

	북한인권에 대한 국민 인식 조사	윤여상, 임순희	2014	15,000원
	2015 북한인권에 대한 국민 인식 조사	윤여상, 임순희	2015	15,000원
	2016 북한인권에 대한 국민 인식 조사	윤여상, 임순희	2016	15,000원
	2017 북한인권에 대한 국민 인식 조사	임순희	2018	10,000원

	2018 북한인권에 대한 국민 인식 조사	윤여상, 임순희	2019	10,000원
	2019 북한인권에 대한 국민 인식 조사	윤여상, 임순희	2019	10,000원
	2020 북한인권에 대한 국민 인식 조사	윤여상, 임순희	2020	10,000원
	2021 북한인권에 대한 국민 인식 조사	윤여상, 임순희, 지성호	2021	비매품/무료
	2022 북한인권에 대한 국민 인식 조사	윤여상, 임순희, 윤기웅	2022	17,000원
	2023 북한인권에 대한 국민 인식 조사	윤여상, 서보배	2023	20,000원

• 단행본

제목	저자	연도	가격
Are They Telling Us the Truth?	Hiroshi Kato, 김상헌, 윤여상, Tim Peters	2003	¥2,500
북한 정치범수용소 완전통제구역 세상밖으로 나오다	신동혁	2007	13,000원
서독 잘쯔기터 인권침해 중앙기록보존소	Heiner Sauer, Hans-Otto Plumeyer (이건호 譯)	2008	12,000원
북한 인권 문헌 분석	윤여상 외	2008	20,000원
국군포로 문제의 종합적 이해	오경섭, 윤여상, 허선행	2008	15,000원
북한의 반인도적 범죄에 대한 국제사회의 긴급대응	세계기독연대 (북한인권정보센터 譯)	2011	15,000원

	제목	저자	연도	가격
	북한 정치범수용소의 운영체계와 인권실태	윤여상, 이자은, 한선영	2011	30,000원
	북한 구금시설 운영체계와 인권실태	윤여상, 구현자, 김인성, 이지현	2011	25,000원
	Political Prison Camps in North Korea Today	윤여상, 이자은, 한선영	2011	20$
	Prisoners in North Korea Today	윤여상, 구현자, 김인성, 이지현	2011	20$
	북한인권사건리포트: VICTIMS' VOICES 제1권	북한인권기록보존소	2013	비매품
	北韓人權事件レポート:VICTIMS' VOICES 第1卷	북한인권정보센터	2013	비매품
	North Korean Human Rights Case Report : VICTIMS' VOICES Volume I	북한인권정보센터	2013	비매품

	북한인권사건리포트: VICTIMS' VOICES 제2권	북한인권정보센터	2013	비매품
	北韓人権事件レポート:VICTIMS' VOICES 第2巻	북한인권정보센터	2013	비매품
	North Korean Human Rights Case Report : VICTIMS'VOICES Volume II	북한인권정보센터	2013	비매품
	중국의 탈북자 강제송환과 인권실태	윤여상, 박성철, 임순희	2013	20,000원
	North Korean Defectors in China – Forced Repatriation andHuman Rights Violations –	윤여상, 박성철, 임순희	2014	20$
	Nordkoreanischer Menschenrechtsfallbericht VICTIMS'VOICES	북한인권정보센터	2014	20$
	Cahiers d'observations des droits de l'Homme en Corée du Nord VICTIMS'VOICES	북한인권정보센터	2014	20$

	북한 해외 노동자 현황과 인권실태	윤여상, 이승주	2015	17,000원
	Human rights and North Korea's Overseas Laborers: Dilemmas and Policy Challenges	윤여상, 이승주	2015	17,000원
	북한 구금시설 총서I: 북한 구금시설 현황과 개선방안	북한인권정보센터	2016	10,000원
	북한 구금시설 총서I: 개천 1호 교화소	이승주	2016	10,000원
	북한 구금시설 총서I: 강동 4호 교화소	유혜정	2016	7,000원
	북한 구금시설 총서I: 함흥 9호 교화소	안현민	2016	10,000원
	북한 구금시설 총서I: 증산 11호 교화소	임순희	2016	10,000원

	북한 구금시설 총서I: 전거리 12호 교화소	김인성	2016	10,000원
	북한 구금시설 총서I: 오로 22호 교화소	서윤환	2016	7,000원
	2014 유엔 북한인권조사위원회(COI) 보고서 발간 이후 북한 인권 평가보고서 : 북한인권정보센터의 DB 분석을 중심으로	북한인권정보센터	2016	비매품
	An Evaluation Report of the North Korean Human Rights Situation after the 2014 UN Commission on Inquiry Report-Based on an Analysis of NKDB's Database	북한인권정보센터	2016	비매품
	북한 밖의 북한	윤여상, 이승주	2016	20,000원
	북한 정치범수용소 근무자, 수감자 및 실종자 인명사전	북한인권정보센터	2016	비매품

	Title	Author	Year	Price
	North Korean Political Prison Camps A Catalogue of Political Prison Camp Staff, Detainees, and Victims of Enforced Disappearance	북한인권정보센터	2016	비매품
	北朝鮮政治犯収容所 勤務者、収監者および失踪者 人名事典	북한인권정보센터	2016	비매품
	Campos de Concentración para Prisioneros Políticos Norcoreanos	북한인권정보센터	2016	비매품
	러시아 지역 북한 노동자의 근로와 인권 실태	박찬홍	2016	20,000
	North Korean Overseas Laborers in Russia	박찬홍	2016	20,000
	The North Korea outside the North Korean State	Yoon Yeo-sang, Lee Seung Ju	2017	$20

	유엔인권이사회 제1차 보편적 정례검토와 북한	최선영, 양진아, 이나경, 송한나	2017	20,000
	The UN Universal Periodic Review and the DPRK	최선영, 양진아, 이나경, 송한나	2017	$20
	군복 입은 수감자 북한군 인권 실태 보고서	김인성, 안현민, 송한나	2018	15,000
	북한 여성 생리 관련 실태-이런 것은 부끄러운 것으로 알아요	안현민, 심진아	2018	비매품
	The State of Menstrual Health of North Korean Women – "Periods are a shameful thing in North Korea"	안현민, 심진아	2018	비매품
	두 번째 기회: 제2차 보편적 정례검토 권고사항의 수용 및 실행에 대한 모니터링	송한나	2019	20,000
	UN 지속가능발전목표(SDGs)와 인권의 결합 – SDG 목표3: 건강권을 중심으로	임순희	2019	비매품

	UN Sustainable Development Goals and Human Rights - SDG 3: The Right to Health in North Korea	임순희	2019	비매품
	스토리북 : 나의 세 번째 집	김동주	2019	비매품
	스토리북 : 다시 찾은 인생길	김주희	2019	비매품
	스토리북 : 푸르른 삼각산아	박용석	2019	비매품
	2020 초기 정착 생활 길라잡이	정착지원본부	2020	비매품
	북한 '사회주의 대가정'의 노동 정책과 '세포 가정'의 균열 : 성역할의 탈가부장적 재구성의 강제와 부부갈등	최선영	2020	비매품
	스토리북 : 내 마음의 보물섬	한나라	2020	비매품

	스토리북 : 까만 가로등	정진	2020	비매품
	북한의 SDGs와 인권 연계 프로젝트	북한인권정보센터	2021	비매품
	THe Human Rights Guide to DPRK's SDGs	북한인권정보센터	2021	비매품
	Democratic People's Republic of Korea 2021 Progress Report on the Implementation of the Sustainable Development Goals	Chad Miller Hanna Song	2021	비매품
	Prisoners In Military Uniform : Human Rights In The North Korean Military	김인성, 안현민, 송한나, 이승주	2022	20,000원 $20
	The North Korean Conundrum: Balancing Human Rights and Nuclear Security 북한의 난제: 인권과 핵안보의 균형	로버트 킹, 신기욱 편집 북한인권정보센터 옮김	2022	30,000원

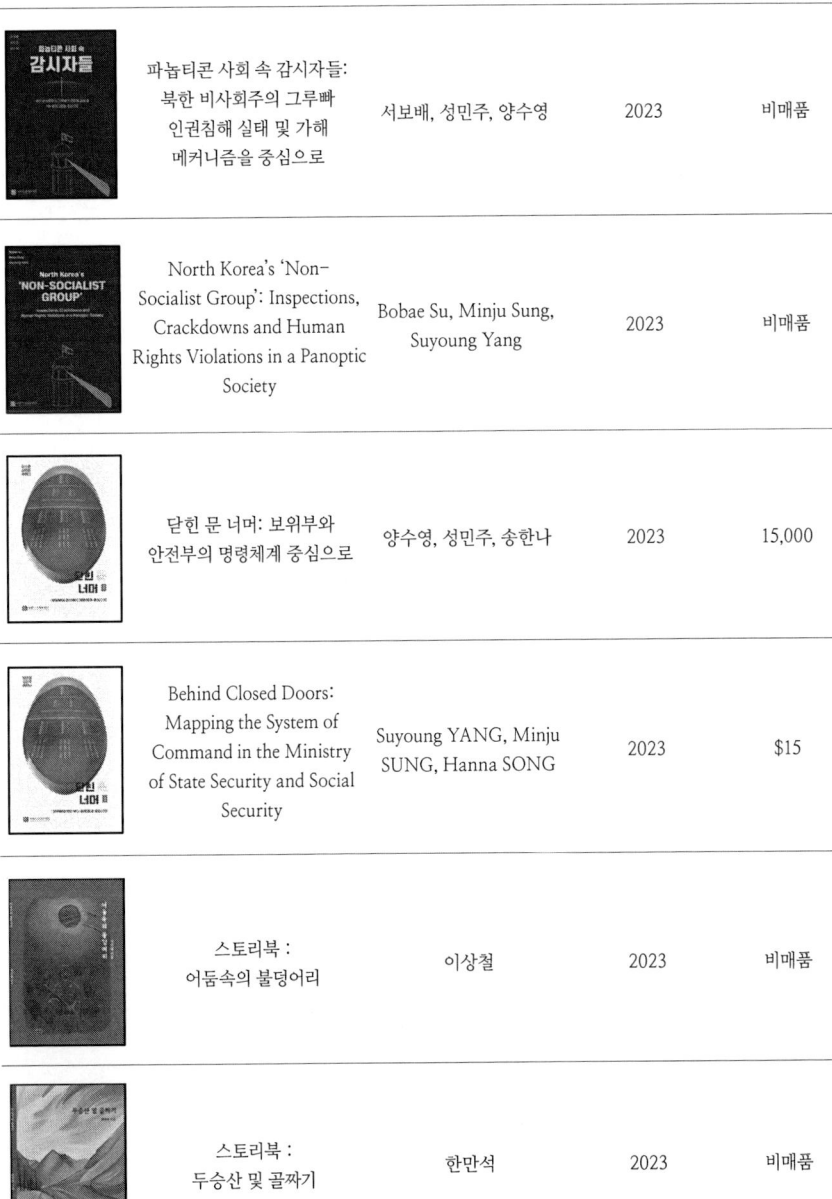

	파놉티콘 사회 속 감시자들: 북한 비사회주의 그루빠 인권침해 실태 및 가해 메커니즘을 중심으로	서보배, 성민주, 양수영	2023	비매품
	North Korea's 'Non-Socialist Group': Inspections, Crackdowns and Human Rights Violations in a Panoptic Society	Bobae Su, Minju Sung, Suyoung Yang	2023	비매품
	닫힌 문 너머: 보위부와 안전부의 명령체계 중심으로	양수영, 성민주, 송한나	2023	15,000
	Behind Closed Doors: Mapping the System of Command in the Ministry of State Security and Social Security	Suyoung YANG, Minju SUNG, Hanna SONG	2023	$15
	스토리북 : 어둠속의 불덩어리	이상철	2023	비매품
	스토리북 : 두승산 및 골짜기	한만석	2023	비매품

	스토리북 : 두승산 및 골짜기	한만석	2023	비매품
	스토리북 : 압록강 저 너머	이동일	2023	비매품
	스토리북 : 잊혀진 70년, 그곳엔 그들이 있었다	유영복	2023	비매품

북한인권정보센터 소개

(사)북한인권정보센터는 2003년, 북한인권 개선과 과거사청산, 피해자 구제를 위해 설립된 비영리 사단법인으로 과거 동서독 분단시기 동독정부의 만행을 형사 제재하기 위해 서독에서 설립한 중앙기록보존소(Zentrale Erfassungsstelle)를 벤치마킹하여 설립되었다.

북한이탈주민 전수 인권조사를 목표로 북한이탈주민 34,000명 중 누적 2만여 명에 대한 인권조사를 진행해 왔으며, 조사와 기록을 바탕으로 북한인권침해 통합인권DB를 구축하여 국내외적으로 가장 많은 북한인권침해 사건을 보존하고 있다(사건 86,082건, 인물 55,652명, 2024년 1월 기준). 통합인권DB를 바탕으로 연례보고서인 『북한인권백서』, 『북한종교자유백서』 등 100여권의 연구 및 출판물을 국영문으로 발간해오고 있으며, 유엔, 미 국무부, 유럽연합, 언론, 국제사회 보고서 등 각종 자료에도 주기적으로 인용되고 있다.

인권피해자들의 심리상담과 정착을 지원하고 있으며, 시민사회 교육을 위한 남북사회통합교육원을 운영하고 있다. 최근엔 부설 인권침해지원센터와 북한인권박물관 전시실을 개설하여 피해자에 대한 법적 및 비법적 구제와 책임규명을 시도하는 단계로 나아가고 있으며, 2023년에는 UN 경제사회이사회(ECOSOC) 특별협의지위를 획득하기도 했다.

북한인권정보센터

- 홈페이지 : www.nkdb.org
- 주소 : (03175)서울시 종로구 경희궁길 14, 신영빌딩 3층

주요 연혁

o 2003년 5월 북한인권정보센터 창립
o 2003년 5월~ 현재, 북한인권 실태조사 및 '북한인권통합Database' 구축
o 2004년 3월 사단법인 북한인권정보센터 설립(통일부 설립허가, 등록)
o 2005년 1월 (사)북한인권정보센터 부설 북한생활경험자 정착지원 본부 개설
o 2007년 6월 부설 북한인권기록보존소 설립 운영
o 2012년 3월 국군포로.납북자 정착지원센터 개설
o 2013년 2월 서울시 비영리민간단체 등록
o 2016년 4월 남북사회통합교육원 개설
o 2020년 7월 현재 경기서부하나센터 위탁 운영기관
o 2021년 10월 부설 인권침해지원센터 개설
o 2023년 7월 UN ECOSOC 특별협의지위 획득
o 2023년 11월 북한인권박물관 전시실 개관

주요 활동

o 북한인권 실태조사·자료구축·연구

- 국내 입국 북한이탈주민 대상 북한인권침해 사건 조사 기록 보관.
  2024년 1월 기준 사건 86,082건, 관련인물 55,652명 데이터베이스 구축
- 북한의 법기관 체계에 관한 연구, 북한인권 가해자 조사 등 책임규명
  관련 연구, 북한인권 실태조사 결과 발표 워크숍 등 진행
- 북한의 실질적인 인권실태 변화를 위한 방안으로 UN SDGs와
  북한인권을 연계하는 프로젝트 다수 진행

o 시민교육

- 남북주민 심리공감, 청년 대상 남북동행 아카데미, 성인 대상 남북통합
  아카데미 등 남북주민이 함께 참여하고 활동하는 아카데미 운영을 통한
  공감대 형성
- 북한 교육, 북한 종교 등 특정주제별 단기 아카데미 운영으로 북한 전반에
  대한 객관적인 정보 제공
- 주한 대사관 대사 및 직원, 해외 북한인권 NGO 활동가, 해외 언론기자 등
  을 대상으로 매달 북한인권 이슈 상황별 정보 전달 및 인권상황 브리핑
- 북한인권박물관 및 북한인권 온라인 플랫폼 북한인권라키비움(www.nkhrlarchiveum.org) 운영

o 정착지원

- 북한이탈주민 직업훈련 및 자산형성 지원사업
- 귀환 국군포로.납북자.비보호탈북민 사회적응 및 정착지원
- 북한생활경험 어르신의 정서안정을 위한 마음돌봄 프로젝트 진행
- 북한 고문피해자를 위한 상담 및 인적 네트워크 구축, 여가활동(힐링캠프 등) 지원
- 탈북민 대상 법률 상담 지원 및 활동가를 위한 사례관리
- 국내 초기정착 지원을 위한 경기서부 하나센터 운영

o 국제 홍보활동

- UN 특별보고관, UN 서울사무소, UN 인권이사회 등 UN 메커니즘과 연계된 국가, 기관, 단체 등에 연구 결과 제공 및 에드보커시 활동
- 주요 연구 결과물 번역, 출판, 국제 세미나를 통한 공유

후원 안내

후원자님의 정성은 저희 (사)북한인권정보센터가 북한의 인권상황을 밝혀내고, 대외적으로 알리도록 하는 데 큰 보탬이 될 것입니다. 이는 또한 세계 각국이 북한정부의 인권탄압을 비판하고, 북한에서의 상황이 개선 되도록 하는 데에 기여할 수 있을 것입니다. 이에 정중히 후원을 부탁드리고자 합니다. 북한주민의 인권에 관심을 갖고 계신 분은 누구나 자동납부(CMS), 은행입금, 자원봉사, 인턴 등의 여러 방법으로 저희 기관에 도움을 주실 수 있습니다.

■ 회원특전

- (사)북한인권정보센터는 기획재정부장관이 지정한 공익성기부금 대상단체입니다. 후원금 및 기부금을 납부하신 분은 '법인세법 제24조'의 규정에 의하여 지정 기부금으로 인정되어 연말 세금정산을 통한 소득공제 혜택을 받을 수 있습니다.
- 리포트, 단행본 등 본회의 발간 자료를 무료 또는 할인가로 받아보실 수 있습니다.
- 본회 주관 워크숍, 수련회 등 각종 행사에 우선 초대합니다.
- 센터 내 교육에 참여하실 수 있습니다.

- 일시후원계좌 -

[후원계좌] 예금주 : (사)북한인권정보센터
- 신한은행 140-010-048898

Donating to NKDB (사) 북한인권정보센터 후원회원 가입신청서

1. 후원자 정보 * 필수 항목

*성.명 _____

*생년월일(사업자등록번호) _____
국세청 간소화 희망시 주민등록번호 기입

이메일 _____

*휴대폰 _____

*우편물 받으실 곳 _____ □ 우편거부

2. CMS 신청   □ 정기   □ 일시

*출금은행 _____

*예금주 _____

*출금계좌 _____

*납부일   □ 5일 □ 10일 □ 15일 □ 20일 □ 25일

*후원금액(매월)

일반   □ 1만원 □ 2만원 □ 3만원 □ 5만원 □ 10만원 □ 30만원 □ 기타 (   )원
법인 (기업) □ 3만원 □ 5만원 □ 10만원 □ 20만원 □ 50만원 □ 100만원 □ 기타 (   )만원
학생 (청소년) □ 1천원 □ 3천원 □ 5천원 □ 1만원 □ 2만원 □ 3만원 □ 기타 (   )원

3. 직접 입금시

신한은행 140-010-048898   (사)북한인권정보센터(후원회)

본인은 상기 금액을 (사) 북한인권정보센터의 목적사업비나 운영비로 쓰임에 동의하여 후원회원 가입을 신청합니다.

20   년   월   일   (*서명 또는 인)

[개인정보 수집 및 이용 동의]
- 수집 및 이용목적: 회원관리, 후원금 결제 및 후원회원 서비스 제공에 활용, 신규 서비스 개발 및 마케팅, 홍보에 활용
- 수집항목: 성명, 전화번호, 휴대폰번호, E-mail, 자택주소, 금융기관명, 계좌번호
- 보유 및 이용기간: 개인정보의 수집 및 이용목적이 달성되면 지체 없이 파기한다. 단, 기부금영수증 발행 등을 위하여 관계 법령에서 정한 일정한 기간 동안 개인정보와 후원금 결제정보를 보관한다.(후원 중단 시부터 5년)
- 신청자는 개인정보 수집 및 이용을 거부할 권리가 있으며, 동의 거부에 따른 불이익은 없으나 회원 가입에 제한이 있을 수 있습니다.

동의함* □   동의안함 □

[개인정보 제3자 제공 동의]
- 제공 받는 자: 금융결제원, (주)휴언소프트웨어, 오즈메일러, 문자나라
- 개인정보 수집 항목: 성명, 휴대폰 번호, 생년월일, 금융기관명, 출금은행명, 출금계좌, 주소, 후원금명 등을 제공한다.
- 수집 및 이용 목적: 후원금 결제, 문자 및 이메일 발송, CMS 출금이체를 통한 요금 수납, 소식지 발송 등에 이용하기 위함이다.
- 보유 및 이용기간: 개인 정보의 수집 및 이용목적이 달성되면 지체 없이 파기한다. 단, 기부금영수증 발행 등을 위하여 관계 법령에서 정한 일정한 기간 동안 개인정보와 후원금 결제정보를 보관한다. (후원 중단시부터 5년)
- 신청자는 개인정보 수집 및 이용을 거부할 권리가 있으며, 불이익은 없습니다. 다만, 권리행사시 출금이체 신청이 거부될 수 있습니다.

동의함* □   동의안함 □

[출금이체 동의여부 및 해지 사실 통지 안내]
은행 등 금융회사 및 금융결제원은 CMS 제도의 안정적 운영을 위하여 고객의 (은행 등 금융회사 및 이용기관 보유) 연락처 정보를 활용하여 문자메세지, 유선 등으로 고객의 출금이체 동의여부 및 해지사실을 통지할 수 있습니다.

동의함* □   동의안함 □

* 상기 금융거래정보의 제공 및 개인정보의 수집 및 이용, 제3자 제공에 동의하며 CMS 출금이체에 동의합니다.

20   년   월   일   (*서명 또는 인)

(사) 북한인권정보센터는 기획재정부 장관이 지정한 공익성기부금 대상단체입니다. 후원금 및 기부금을 납부하신 분은 '법인세법 제 24조'의 규정에 의하여 지정 기부금으로 인정되어 연말 세금정산을 통한 소득공제 혜택을 받을 수 있습니다.